Simples Notions

DE

Géométrie Élémentaire

Servant d'Introduction

à l'Arpentage et au Dessin.

Ant de Barbat, à Châlons-s-marne.

SIMPLES NOTIONS

DE

GÉOMÉTRIE PRATIQUE.

Section 1.

Première Leçon.

Du Point.

1. — Le point est un espace extrêmement petit. Considéré géométriquement, le point n'a ni longueur, ni largeur, ni épaisseur.

2. — Pour tracer un point, il suffit de poser légèrement sur le papier la pointe d'un crayon ou le bec d'une plume.

De la Ligne.

3. — Une ligne est la trace d'un point à un autre. C'est une longueur sans largeur ni épaisseur.

4. — Il y a trois sortes de lignes : la ligne droite, la ligne brisée et la ligne courbe.

5. — La ligne droite est le plus court chemin d'un point à un autre.

6. — Deux points suffisent pour déterminer la direction d'une droite.

7. — Pour tracer une ligne droite on se sert d'une règle, il suffit d'appuyer légèrement la pointe d'un crayon contre le bord de la règle appliquée sur une

feuille de papier bien tendue.

8. — Mais avant de se servir d'une règle, il est bon de la vérifier, c'est-à-dire de s'assurer qu'elle est parfaitement droite. Voici comment se fait cette vérification.

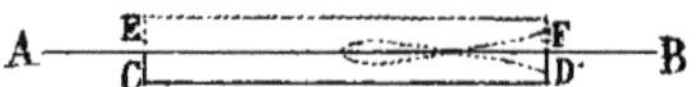

On trace une ligne avec le bord C D de la règle; on la tourne ensuite autour de C D considéré comme charnière, et on lui fait prendre la position de E F ; si le bord C D coïncide encore avec la ligne tracée on peut être certain que cette ligne est droite, ainsi que la règle; si elle ne coïncide plus, la règle doit être rejetée; car il est facile de remarquer que la moindre courbure faite en un sens se reproduit en sens contraire; l'erreur se trouvant alors doublée, est beaucoup plus appréciable; et l'on voit que la règle n'est pas droite.

9. — Une ligne droite peut être horizontale, verticale, perpendiculaire ou oblique.

10. — Une ligne droite est horizontale lorsqu'elle suit le niveau de l'eau dormante.

E   Horizontale   F

11. — Une ligne droite est verticale lorsqu'elle est placée dans le sens d'un fil à plomb librement suspendu.

verticale

12. — Une ligne droite est oblique lorsqu'elle se trouve inclinée sur une autre.

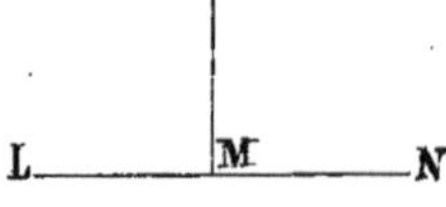

13. — Une ligne droite est perpendiculaire lorsqu'en tombant sur une autre droite, elle forme avec celle-ci deux ouvertures égales.

L   M   N

14. — La ligne brisée est composée de plusieurs lignes droites.

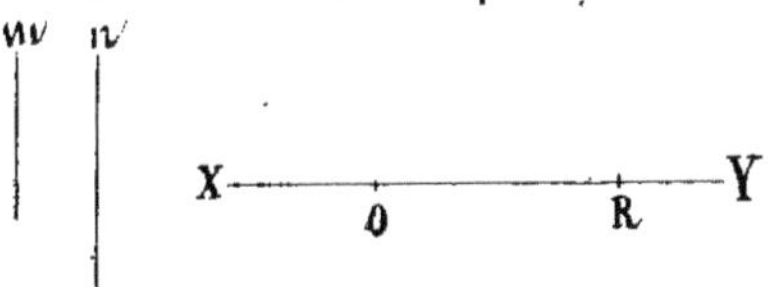

15. — Une ligne courbe est celle dont aucune partie ne présente la direction de la ligne droite.

16. — Deux lignes considérées l'une par rapport à l'autre, sont parallèles, lorsque dans tous leurs points elles se trouvent à égale distance, ou lorsqu'étant prolongées indéfiniment elles ne se rencontrent pas.

2ᵉᵐᵉ Leçon.

17. — On peut ajouter, retrancher, multiplier ou diviser des lignes.

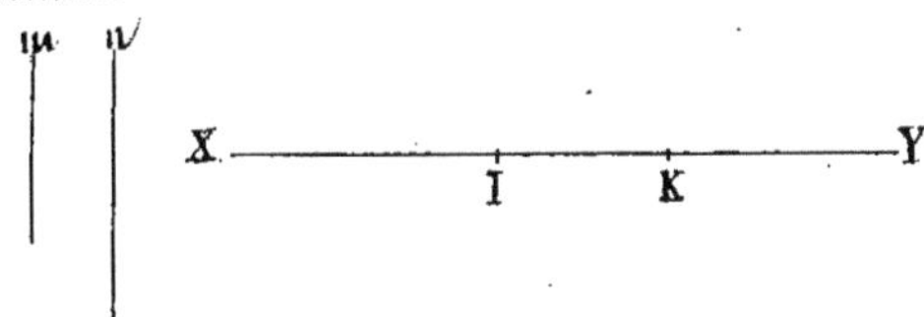

18. — Si je voulais par exemple, trouver une ligne égale à la somme des lignes m et n, je tracerais une ligne indéfinie XY. Sur cette ligne à partir du point X, je prendrais, au moyen d'un compas, une longueur égale à la ligne m, soit XO; à partir du point O, je prendrais sur OY une seconde longueur égale à n, soit OR, j'aurais alors la ligne XR qui serait égale à la somme des lignes données

19. — Si l'on voulait trouver la différence des deux lignes m et n, il faudrait comme précédemment tracer une droite indéfinie XY, prendre sur cette ligne à

partir du point X, une longueur égale à la plus grande n, soit XK, puis à partir du même point X, prendre une longueur XI égale à la ligne m; la longueur IK, serait la différence des deux lignes données.

X————————————————Y
K

20.— Si l'on voulait trouver une ligne trois fois plus longue que la ligne m, il faudrait tracer une ligne indéfinie XY, et porter successivement sur cette ligne à partir du point X, trois longueurs égales à m; la ligne XK, serait la longueur demandée.

———————————

21.— Nous ne pouvons, quant à présent, diviser une droite en plusieurs parties égales que d'une manière approximative. Nous ferons connaître plus loin un procédé qui permettra d'effectuer cette division aussi exactement que possible.

3ᵉᵐᵉ „ Leçon.

Des Angles.

22.— Un angle est l'écartement compris entre deux lignes qui se coupent en un point.

23.— Le point de rencontre se nomme sommet de l'angle, et les deux lignes s'appellent côtés de l'angle.

24.— On distingue trois sortes d'angles : l'angle droit, l'angle aigu, l'angle obtus.

1º. L'angle droit est formé par une ligne abaissée perpendiculairement sur une autre.

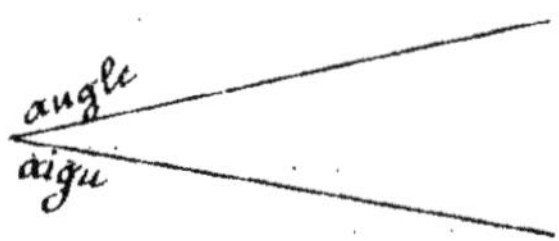

2º. L'angle aigu est celui dont les côtés s'écartent moins que ceux de l'angle droit.

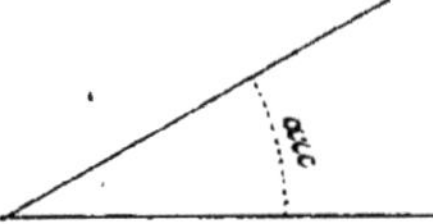

3º. L'angle obtus est celui dont les côtés s'écartent plus que ceux de l'angle droit.

25.— La valeur d'un angle s'estime non d'après la longueur de ses côtés mais bien d'après leur écartement.

26.— On prend pour valeur d'un angle la ligne courbe comprise entre ses côtés et décrite de son sommet comme centre. Cette courbe se nomme arc.

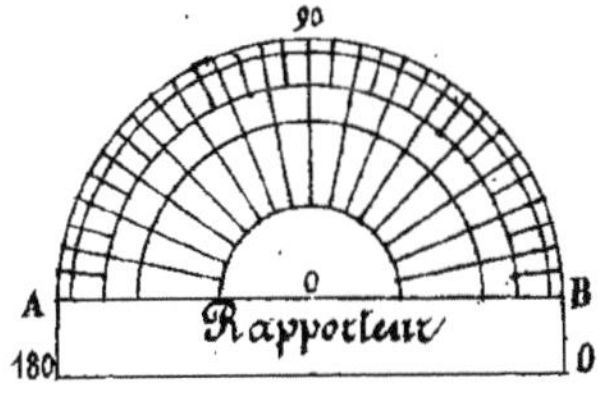

27.— Pour mesurer les angles, on se sert d'un instrument nommé rapporteur dont la figure suivante donne une idée.

Le bord de l'instrument est divisé en 180 parties égales appelées degrés, chaque degré en 60 parties égales appelées minutes, &ª. La partie AB se nomme diamètre et le point O, centre de l'instrument.

28. — Pour mesurer l'angle YOX, je placerai le rapporteur sur la ligne MY, de manière que son diamètre se confonde avec cette ligne, et que son centre tombe sur le point O, sommet de l'angle, puis je compterai sur le bord les degrés compris entre les côtés OX, OY et j'aurai la valeur de l'angle.

29. — Les angles s'évaluent donc en degrés, minutes, &ᵃ; cette valeur comme nous venons de le voir est toujours comptée sur l'arc compris entre leurs côtés. Les degrés se désignent par un petit zéro qu'on place à la droite du nombre, les minutes par un accent, &ᵃ. Ainsi 24°.15'.

L'angle droit vaut 90 degrés.

L'angle aigu vaut moins de 90 degrés.

L'angle obtus vaut plus de 90 degrés.

On appelle angles adjacents, deux angles formés d'un même côté d'une ligne droite sur laquelle vient aboutir une autre ligne droite.

31. — Lorsque deux angles adjacents sont égaux, ils sont droits.

32. — On appelle supplément d'un angle, ce qu'il faut y ajouter pour que son arc ait 180°.

33. — Deux angles adjacents sont toujours supplémentaires.

34. — On appelle complément d'un angle ce qu'il faut y ajouter pour qu'il ait 90°.

35.— Les angles alternes internes sont ceux qui sont formés à l'intérieur de deux parallèles coupées par une 3ᵉ ligne droite qui s'appelle sécante ; ces angles ont leur ouverture dans un sens opposé et sont égaux entre eux.

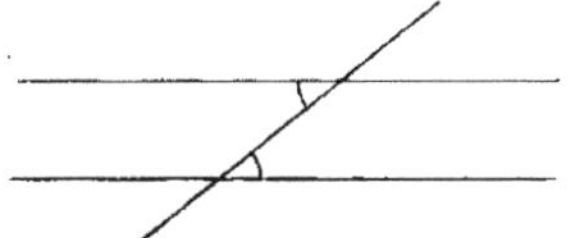

36.. Les angles sont des quantités susceptibles d'être ajoutées, soustraites, multipliées ou divisées. (Voir plus loin.)

4ᵉᵐᵉ Leçon.
Des Surfaces.

37.— Une surface est une étendue en longueur et en largeur, mais sans épaisseur.

38.— On distingue trois espèces de surfaces : la surface plane ou plan, la surface brisée et la surface courbe.

1° La surface plane est celle sur laquelle on peut appliquer dans tous les sens une règle bien droite. Le dessus d'un plancher, d'un mur parfaitement uni, d'une eau tranquille, en donnent une idée.

2° La surface brisée est un assemblage de plusieurs surfaces planes ou portions de surfaces planes. La surface d'un dé à jouer, considérée dans son ensemble, forme une surface brisée.

3° La surface courbe est celle dont aucune partie ne peut être regardée comme étant rigoureusement plane. La surface d'un pain de sucre, du moins en partie, d'une boule, d'un œuf, sont des surfaces courbes.

5ᵐᵉ „ Leçon.

Des Triangles.

39.— Une surface plane peut être limitée par un plus ou moins grand nombre de lignes droites.

40.— La plus simple n'est limitée que par trois lignes droites, c'est le triangle. Ainsi trois lignes qui se coupent deux-à-deux déterminent un triangle.

41.— Comme on le voit, un triangle est composé de six éléments, trois côtés et trois angles.

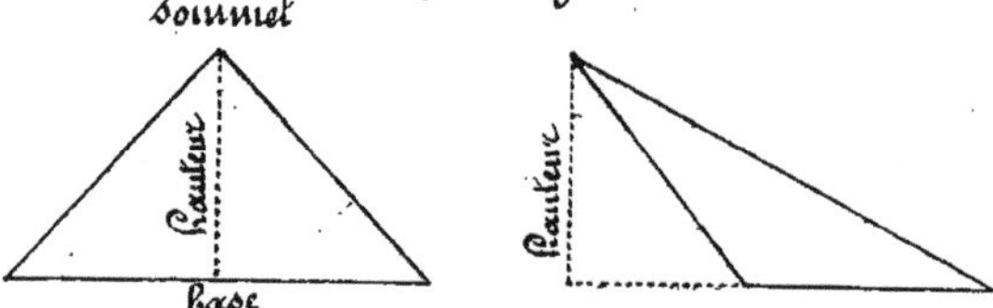

42.— On appelle base d'un triangle le côté sur lequel il paraît s'appuyer. On peut néanmoins prendre pour base l'un quelconque de ses côtés.

43.— Le sommet d'un triangle est le sommet de l'angle opposé à sa base.

44.— La hauteur d'un triangle est la perpendiculaire abaissée du sommet sur la base ou sur son prolongement.

45.— Considérés sous le rapport des angles, les triangles sont de trois sortes.

1° Le triangle rectangle, qui a un angle droit, c'est-à-dire que deux de ses côtés sont perpendiculaires entre eux.

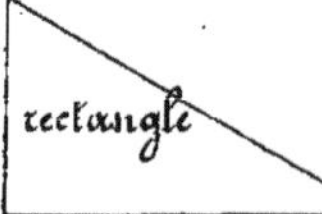

2.° Le triangle obtusangle qui a un angle obtus.

3.° Le triangle acutangle qui a ses trois angles aigus.

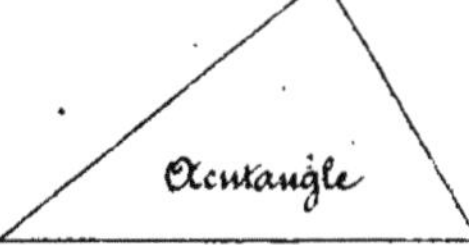

46._ Considérés sous le rapport des côtés, on distingue aussi trois sortes de triangles.

1.° Le triangle équilatéral qui a ses trois côtés égaux. Ses trois angles sont aussi égaux.

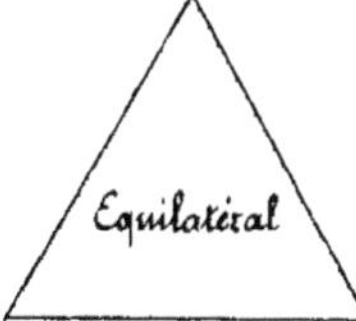

2.° Le triangle isocèle dont deux côtés seulement sont égaux.

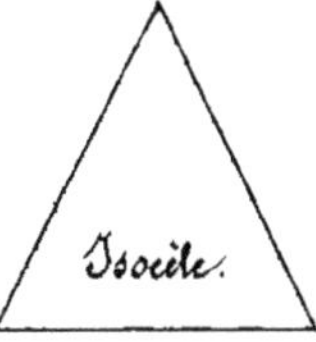

3.° Le triangle scalène dont les trois côtés sont inégaux.

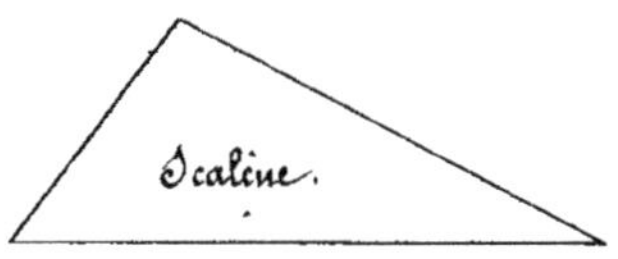

6ème "Leçon.

Des Quadrilatères.

47. — Une surface limitée par quatre lignes droites prend le nom de quadrilatère.

48. — Une diagonale est une ligne qui dans un quadrilatère joint les sommets de deux angles opposés.

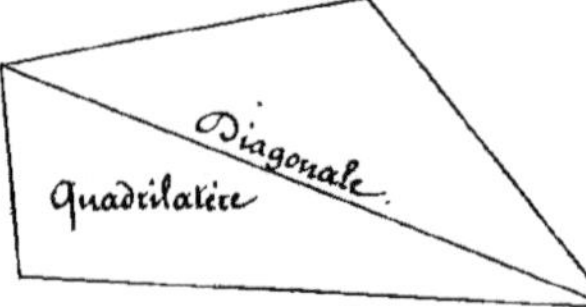

49. — Les principaux quadrilatères sont :

1° Le carré qui a ses quatre côtés égaux et ses quatre angles droits.

Dans un carré les diagonales sont égales, se coupent en deux parties égales et à angles droits.

2°. Le rectangle dont les côtés opposés sont égaux et à angles droits.

Dans un rectangle les diagonales sont égales et se coupent en deux parties égales.

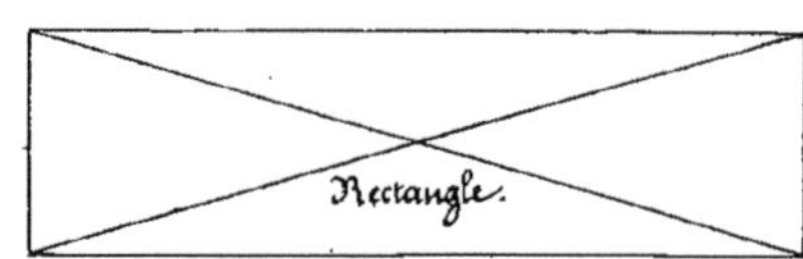

3°. Le parallélogramme dont les côtés sont égaux et parallèles deux-à-deux :

Dans un parallélogramme les diagonales se coupent en deux parties égales.

4° Le losange qui a ses quatre côtés égaux, mais qui renferme deux angles aigus et deux angles obtus.

Dans un losange les diagonales se coupent à angles droits.

50.— Le rectangle, le losange et le quarré sont des cas particuliers de parallélogramme.

5° Le trapèze dont deux côtés opposés sont parallèles et les deux autres menés à volonté :

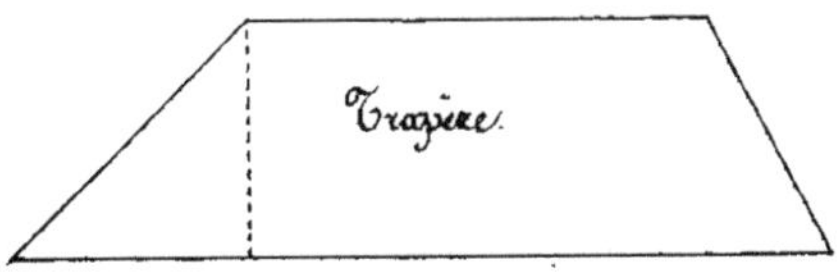

51.— La hauteur d'un parallélogramme, d'un losange et d'un trapèze est donnée par la perpendiculaire qui mesure la distance des deux bases de ces figures. Dans un carré ou rectangle, on peut prendre pour hauteur l'un des côtés quelconque.

7ᵉᵐᵉ Leçon.

Des Polygones.

52.— Lorsqu'une surface est limitée par plus de quatre lignes droites, on la nomme polygone.

53.— On distingue deux espèces principales de polygones ; les polygones irréguliers et les polygones réguliers.

54.— Un polygone est irrégulier quand ses côtés et ses angles sont inégaux.

55.— Un polygone est régulier quand ses côtés et ses angles sont égaux. Les sommets des angles sont les sommets du polygone.

56.— Un polygone de 5 côtés s'appelle pentagone.

de 6	hexagone.
de 7	heptagone.
de 8	octogone.
de 10	décagone.
de 12	dodécagone.

57.— L'ensemble des côtés d'un polygone se nomme contour ou périmètre de ce polygone.

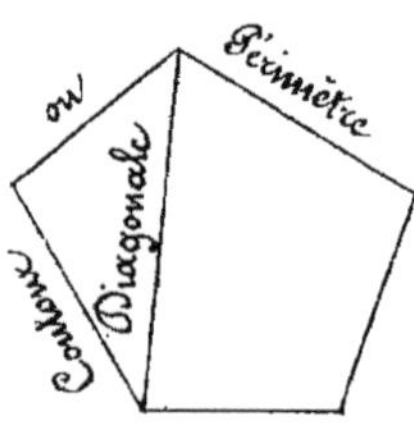

58.— On peut diviser un polygone en autant de triangles qu'il a de côtés moins deux, par des diagonales partant d'un même sommet.

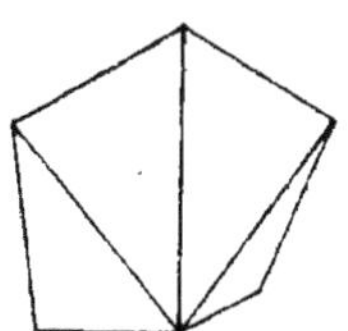

8ᵉᵐᵉ „ Leçon.

Du Cercle.

59.— Le périmètre d'un polygone régulier peut être une ligne courbe continue dont tous les points sont également distants d'un point intérieur nommé centre.

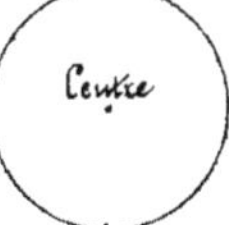

60.— Dans ce cas, le polygone est un cercle, et son périmètre une circonférence.

61.— Toute droite qui part du centre et aboutit à la circonférence se nomme rayon. Tous les rayons d'un même cercle sont égaux.

62. — Toute droite qui passe par le centre et divise le cercle en deux parties égales est un diamètre. Le diamètre vaut deux rayons, et tous les diamètres d'un même cercle sont égaux.

63. — Une portion de la circonférence se nomme arc.

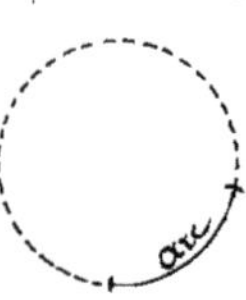

64. — La droite qui joint les deux extrémités d'un arc se nomme corde. On dit que la corde sous-tend l'arc, que l'arc est sous-tendu par la corde.

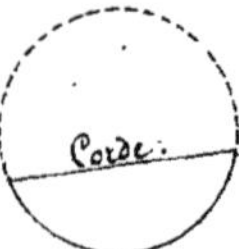

65. — La partie du cercle comprise entre un arc et sa corde se nomme segment.

66. — La partie du cercle comprise entre deux rayons et un arc se nomme secteur.

67. — Une ligne est tangente au cercle lorsqu'elle ne touche la circonférence qu'en un point.

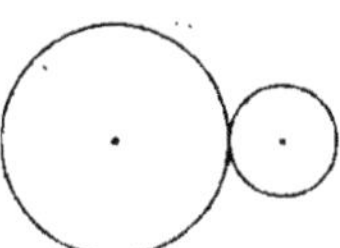

68. — Deux cercles sont tangents quand ils se touchent en un point.

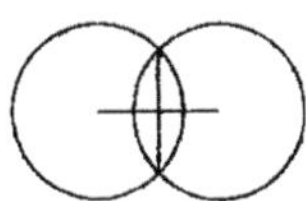

69. — Deux cercles sont sécants lorsqu'ils se coupent en deux points.

70. — Lorsque deux cercles se coupent, la ligne des centres est perpendiculaire sur le milieu de la corde commune.

71. — Pour construire un polygone régulier, on trace une circonférence qu'on partage en autant de parties égales que le polygone doit avoir de côtés ; on joint ensuite les points de divisions consécutifs par des cordes.

72. — On obtient dans ce cas un polygone régulier inscrit et la circonférence est circonscrite.

73. — Pour obtenir un polygone circonscrit, il faudrait mener par tous les points de division de la même circonférence des tangentes qui par leur

rencontre détermineraient le polygone circonscrit.

74. — On appelle apothème d'un polygone régulier la perpendiculaire abaissée du centre de la circonférence sur le milieu du côté du polygone.

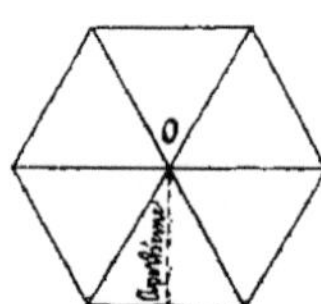

75. — En menant du centre du polygone des rayons au sommet de tous ses angles, on le divise en autant de triangles isocèles égaux qu'il a de côtés.

9ᵉᵐᵉ Leçon.

Problèmes graphiques.

1°. Décrire une circonférence.

76. — Pour décrire sur le papier une circonférence de cercle, on se sert d'un compas. On pose une des pointes et avec l'autre en prenant une ouverture quelconque O B, par exemple, on décrit, en faisant tourner la pointe O sur elle-même, la ligne courbe A B C D dont tous les points sont à égale distance du point O, puisque l'ouverture de compas est partant la même.

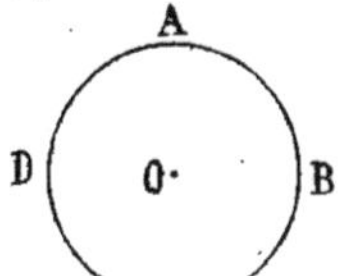

77. — Par un point O pris sur une droite donnée, élever une perpendiculaire à cette droite.

Pour cela, je prends de chaque côté du point o, deux longueurs égales om, on. Du point n comme centre avec une ouverture de compas plus grande que la moitié de n m, je décris un arc au-dessus du point o; du point m comme centre avec la même ouverture de compas je décris un second arc qui coupe le premier au point I; je joins le point o au point I et j'ai la perpendiculaire demandée.

Au moyen de l'Equerre.

78. — On peut encore élever une perpendiculaire à une droite donnée en employant l'équerre.

Pour cela, il faudrait d'abord faire affleurer une règle bien droite contre la ligne A B; puis placer l'équerre de manière que son plus petit côté vienne s'appuyer exactement contre le bord de la règle ; dans cette position, la faire glisser jusqu'à ce que son autre côté vienne passer par le point o, puis le long de l'autre côté tracer une ligne droite qui sera perpendiculaire à A B.

Vérification de l'Équerre.

79. — Avant de faire usage de l'équerre il est bon de la vérifier.

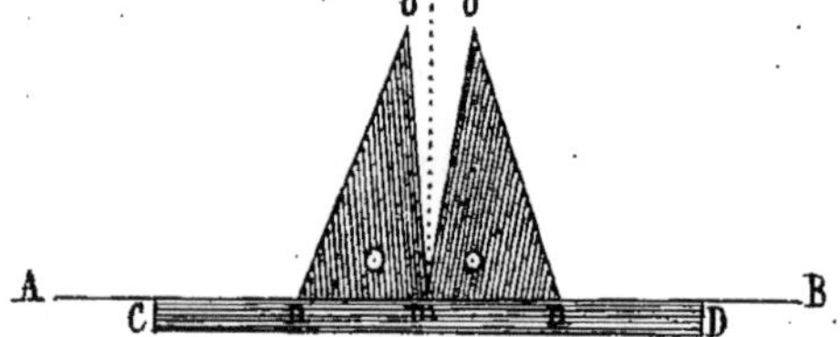

Pour cela, on trace une ligne droite A B contre laquelle on fait affleurer le bord d'une règle bien droite, C D. On place ensuite l'équerre de manière que l'un de ses côtés n, m glisse contre la règle C D, puis le long du côté m o on trace une ligne. On retourne ensuite l'équerre de manière à lui faire prendre la position m o' n', et l'on trace une droite suivant m o'. Si les droites m o et m o' ne se confondent pas, l'équerre n'est pas juste et doit être rejetée.

80. — 2°. Par un point o pris hors d'une droite, abaisser une perpendiculaire sur cette droite.

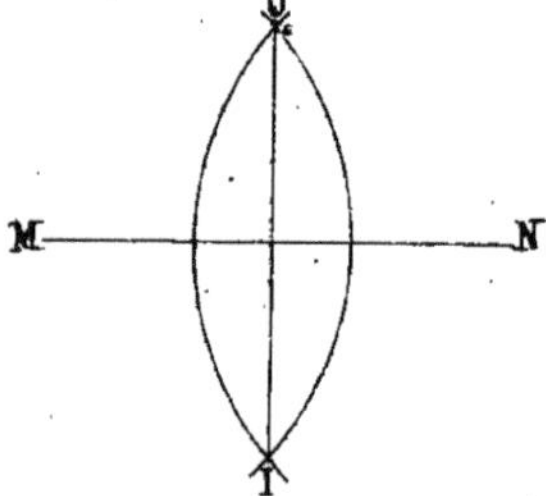

Du point N, comme centre avec un rayon égal à N o, je décris un arc de cercle ; du point M, comme centre avec un autre rayon égal à M o, je décris un second arc qui coupe le premier en I, je joins le point o au point I et j'ai o I qui est la perpendiculaire demandée.

81._ Pou abaisser une perpendiculaire au moyen de l'équerre, on s'y prend de la manière suivante.

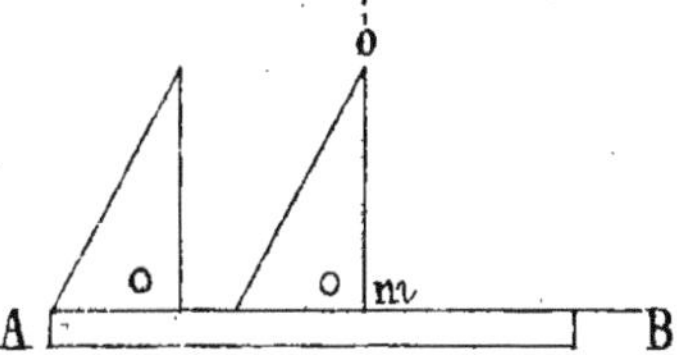

On fait affleurer contre la ligne A B une règle bien droite; on applique contre cette règle un des côtés de l'équerre, puis on fait glisser l'instrument en le maintenant toujours dans la même position, jusqu'à ce que son autre côté vienne passer par le point o, on tire alors la ligne o m qui est perpendiculaire à A B.

82._ 3°. Elever une perpendiculaire à l'extrémité d'une droite m n.

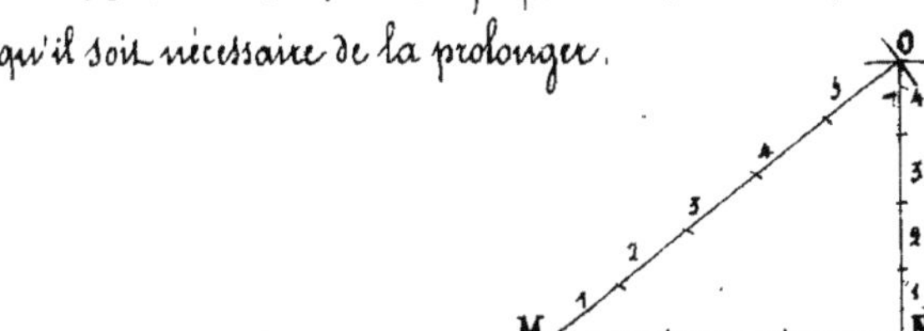

. Je prolonge M N d'une longueur quelconque N I, puis je prends sur N M à partir du point n une longueur N K égale à N I. Du point K comme centre avec un rayon plus grand que la moitié de K I je décris un arc au dessus du point N, du point I comme centre avec le même rayon, je décris un second arc qui coupe le premier au point o; joignant le point N au point o, j'aurai la perpendiculaire demandée.

83._ 4°. Elever une perpendiculaire à l'extrémité d'une droite sans qu'il soit nécessaire de la prolonger.

Soit la ligne m n. Je divise cette ligne en trois parties égales, puis du point n comme centre avec un rayon égal à 4 parties, je décris un arc de cercle;

du point m, comme centre avec un rayon égal à 5 parties, je décris un second arc de cercle qui coupe le premier au point o ; je joins le point o au point N et j'ai oN qui est la perpendiculaire demandée.

84.— On peut encore employer l'équerre et opérer comme au problème 3.

85.—5°. Diviser une droite M N en deux parties égales.

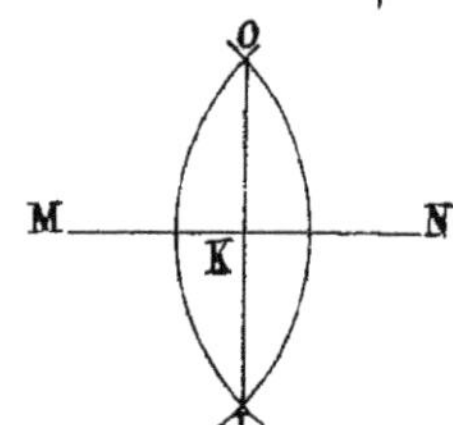

Des points M et N comme centres, avec un rayon plus grand que la moitié de M N je décris deux arcs de cercles qui se coupent aux points O et I ; je joins ces deux points par la ligne OI qui divise M N en deux parties égales au point K.

86.— Pour diviser une droite en deux parties égales, on peut avoir recours à un autre procédé très simple, bien qu'il soit moins rigoureux que le précédent, l'habitude de son emploi peut cependant lui donner toute la précision désirable. C'est le tâtonnement. Voici en quoi il existe.

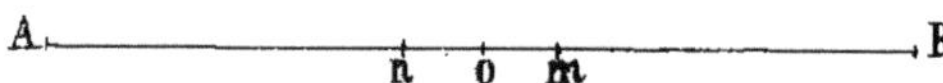

Soit la droite AB. Sur cette droite, à partir du point A, je porte une ouverture de compas que je prends à volonté, mais cependant suffisamment grande, soit A m ; sur la même droite à partir du point B, mais en sens contraire, je porte une ouverture de compas B n, égale à A m ; je prends ensuite à vue le milieu o de n m qui est aussi le milieu de A B. Cette droite se trouve parconséquent divisée en deux parties égales au point o.

87.—6°. Faire un angle égal à un angle donné.

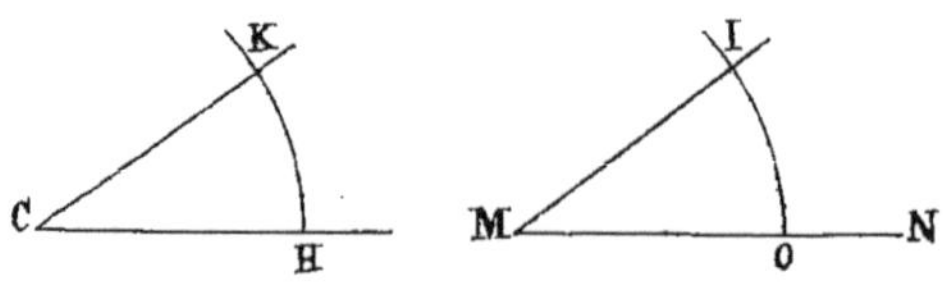

Je trace la droite m n . Du point C comme centre avec un rayon arbitraire je décris sur l'angle C un arc de cercle H K ; du point m comme centre, avec le même rayon, je décris un autre arc qui coupe la droite M N au point o ; à partir de ce point, je prends un arc OI égal à H K ; je joins le point I au point M et j'ai l'angle demandé.

88. — 7°. Faire un angle double d'un angle donné.

En répétant la construction précédente, il suffit de prendre ensuite un arc double de l'arc H K , OP par exemple, et joindre le point P au point M

89. — 8°. Diviser un angle en deux parties égales.

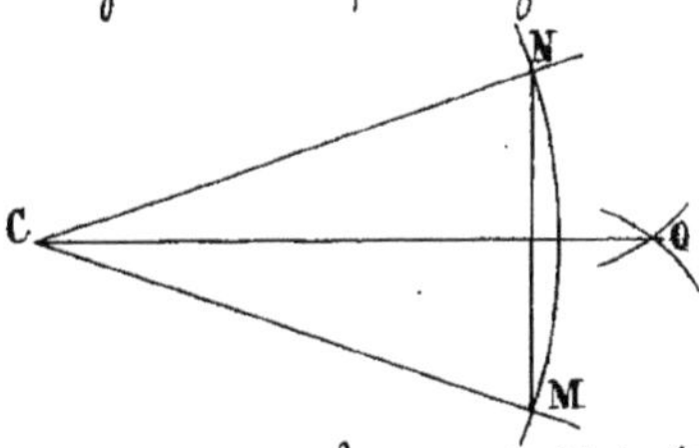

Du point C comme avec un rayon quelconque je décris l'arc M N qui coupe les côtés de l'angle, puis des points M et N comme centres avec un rayon plus grand que la moitié de la corde M N , je décris deux arcs qui se coupent au point O ; je joins le point C au point O, et l'angle se trouve divisé en deux parties égales par la droite CO

90. — 9°. Par un point donné hors d'une droite, mener une parallèle à cette droite.

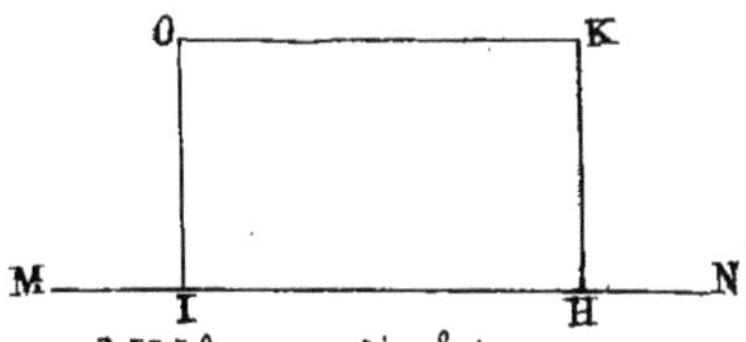

Du point O, j'abaisse sur MN la perpendiculaire OI ; en un point quelconque H de la droite M N, j'élève la perpendiculaire H K égale à OI ; je joins le point K au point O et j'ai OK qui est parallèle à M N. On peut encore faire la construction suivante.

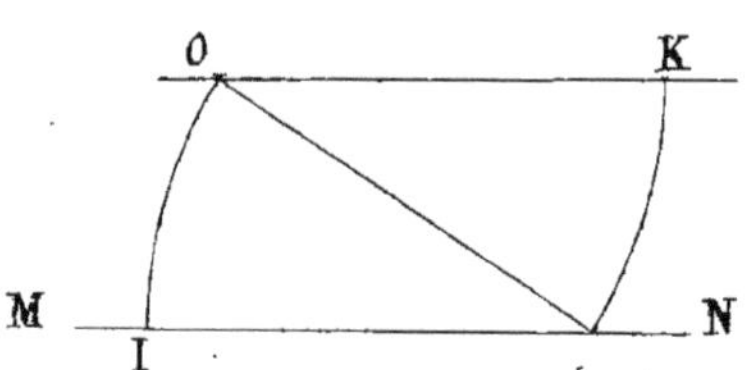

Du point N comme centre avec un rayon égal à n o décrire l'arc OI ; du point I comme centre avec le même rayon, décrire un autre arc sur lequel on portera I O, soit N K ; et joindre le point O au point K.

91.— On peut aussi avoir recours à l'équerre, pour mener une parallèle à une droite donnée.

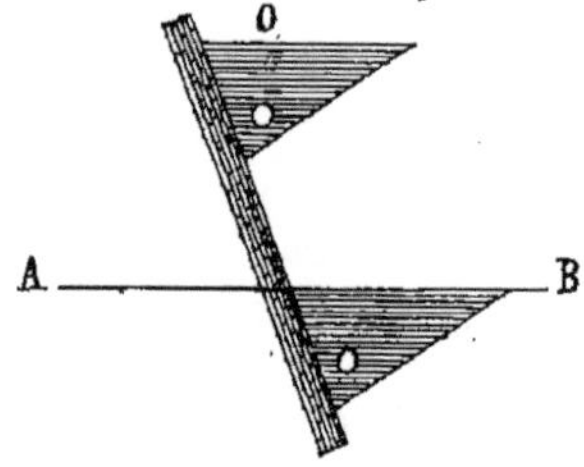

Soit la droite A B et le point O, par lequel on doit mener une parallèle à cette droite. On placera l'équerre de manière que son plus grand côté se confonde avec la ligne A B, puis on appliquera une règle bien droite contre l'un des côtés de l'angle droit. Puis maintenant l'équerre dans cette position, on la fera glisser contre l'équerre, jusqu'à ce que le côté qui coïncidait avec A B vienne passer par le point donné O; le long de ce côté on tracera une droite qui sera parallèle à A B.

92.— 9° Par un point pris sur une circonférence lui mener une tangente.

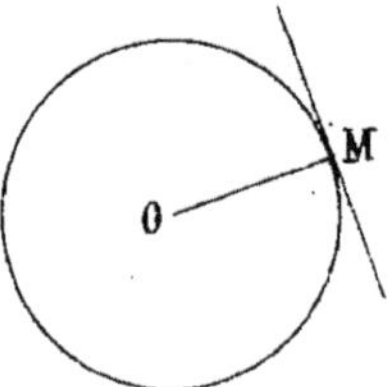

93.— Il suffit de mener le rayon o m et d'élever une perpendiculaire à son extrémité au point m, cette perpendiculaire sera tangente au cercle.

11º Diviser une droite en 7 parties égales.

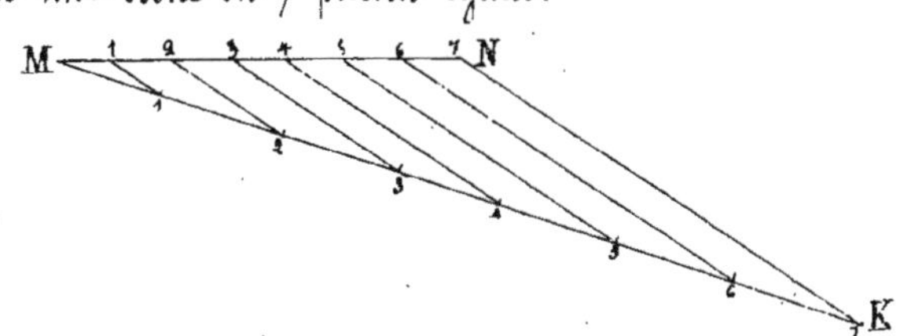

Je tire la droite M K, formant avec M N, un angle quelconque. Je porte sur cette droite 7 fois la même ouverture de compas que je prends à volonté. Je joins l'extrémité de la 7.ᵉ division au point N, et par tous les autres points de divisions de M K, je mène à N K des parallèles qui diviseront M N en 7 parties égales.

10ᵉᵐᵉ Leçon.

Construction des triangles et des figures planes en général.

94. — Pour construire un triangle, il faut connaître trois des élémens qui le composent 1º ou les trois côtés; 2º ou deux côtés et l'angle qu'ils comprennent. 3º ou deux angles et le côté qui leur est adjacent.

95. — On ne peut pas toujours construire un triangle avec trois lignes quelconques. Ces lignes doivent remplir certaines conditions. Il faut que chacune d'elles soit plus petite que la somme des deux autres et plus grande que leur différence.

96. — 1º Étant donnés les trois côtés d'un triangle, construire ce triangle.

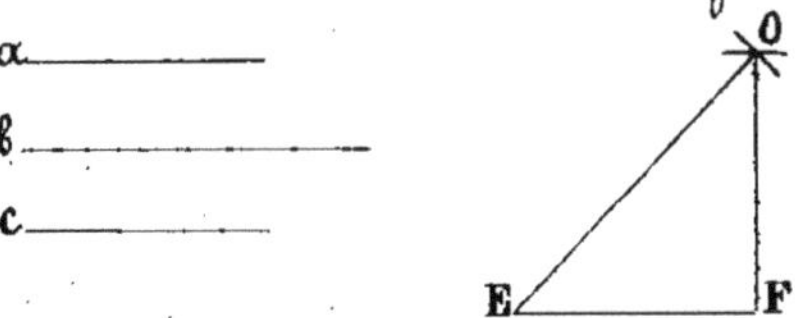

Soient a, b, c les trois côtés. Je trace d'abord une ligne E F égale à a; du point E comme centre avec un rayon égal à b, je décris un arc de cercle; du point F comme centre avec un rayon égal à c; je décris un second arc qui coupe le 1ᵉʳ au point

O; je joins le point O aux points E et F et j'ai le triangle demandé.

97.— 2°. Étant données deux côtés d'un triangle et l'angle qu'ils comprennent, construire ce triangle.

Soient les côtés M, N et l'angle C. Je tire une ligne A B égale à N; au point A je forme l'angle D A B égal à l'angle C, en tirant la ligne A D égale à M. Je joins le point D au point B et le triangle A D B répond à la question.

98.— 3°. Étant donnés deux angles d'un triangle et le côté adjacent, construire ce triangle.

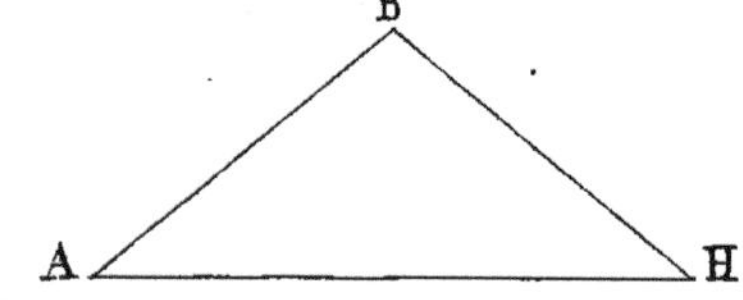

Soient les deux angles C, D, et le côté m.

Je trace A H égale au côté donné M. Au point A, je fais un angle égal à l'angle C en tirant la ligne indéfinie A B; au point H, je fais un angle égal à l'angle C en tirant une ligne qui coupe A B au point D. Le triangle A B H répond à la question.

99.— 4°. Construire un triangle équilatéral.

Dans un triangle équilatéral, les trois côtés étant égaux, il suffit d'en connaître un seul pour pouvoir le construire. Soit le côté m.

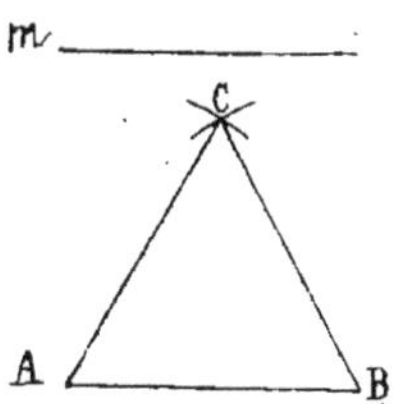

Je tire la ligne A B égale au côté m . Des points A et B comme centre , avec une ouverture de compas égale à A B , je décris deux arcs de cercle qui se coupent au point C . Je joins le point C aux points A et B et le triangle A C B ainsi déterminé répond à la question.

100. — 5°. Construire un triangle isocèle.

Il faut connaître la base et un côté adjacent.

Soient la base n et le côté adjacent m . Je tire A B égale à n . Des points A et B comme centre avec une ouverture de compas égale à m , je décris deux arcs de cercle qui se coupent au point C ; je joins ce point à A et B ; et le triangle ainsi déterminé répond à la question.

101. — 6°. Construire un triangle rectangle.

Il suffit de connaître les deux côtés de l'angle droit.

Soient m et n ces deux côtés .

Je forme l'angle droit B A C. Je prends sur A C une longueur A H égale à n , et sur A B, une longueur A K égale à m . Je joins le point K au point H et le triangle A K H répond à la question.

11ᵉᵐᵉ Leçon.

102. — 7° Construire un carré

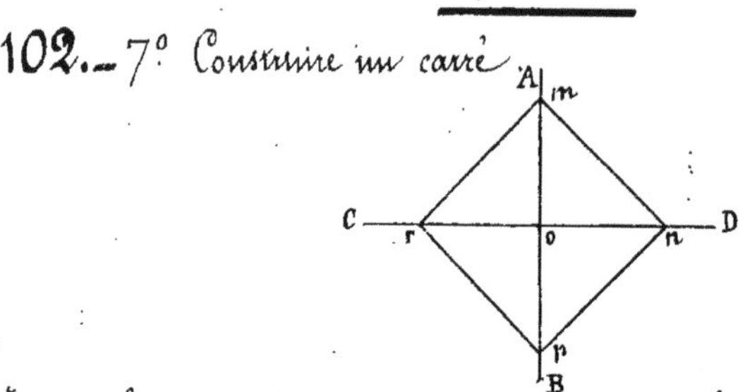

Je trace les droites A B, C D qui se coupent à angles droits. A partir du point de rencontre, je prends sur chaque ligne des longueurs égales, om, on, op, or. Je joins les points m, n, p, r et j'ai la figure m n p r qui est un carré.

103. — Si le côté du carré était donné il faudrait d'abord tracer l'angle droit A B c et prendre sur A B et sur Bc deux longueurs égales au côté donné. Puis des points m et n comme centres, avec B m pour rayon, décrire deux arcs de cercle qui se couperaient en un point K, et joindre le point K aux points m et n.

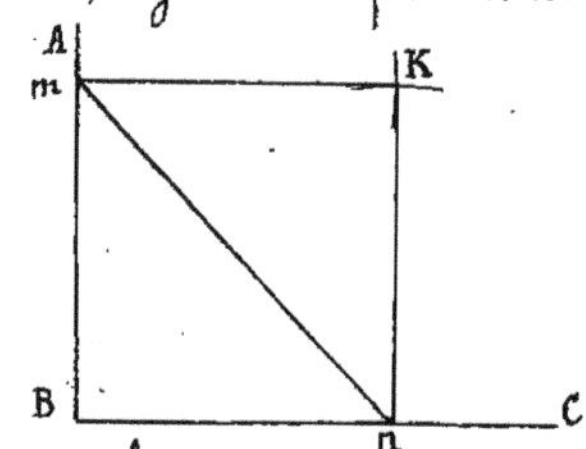

104. — 8° Construire un rectangle.

Il faut connaître un des côtés et la diagonale. Soient donnés le côté m et la diagonale n.

m———————————

n ———————————

Je forme l'angle droit A B C ; je prends sur BC une longueur BK égale à m ; puis du point K comme centre, avec une ouverture de compas égale à la diagonale n, je décris un arc de cercle qui coupe BA en un point H. Au point K, j'élève une perpendiculaire KO égale à BH ; je joins le point H au point O et le rectangle BHOK répond à la question.

105. — 9° Construire un parallélogramme.

Il faut connaître deux côtés adjacens et la diagonale.

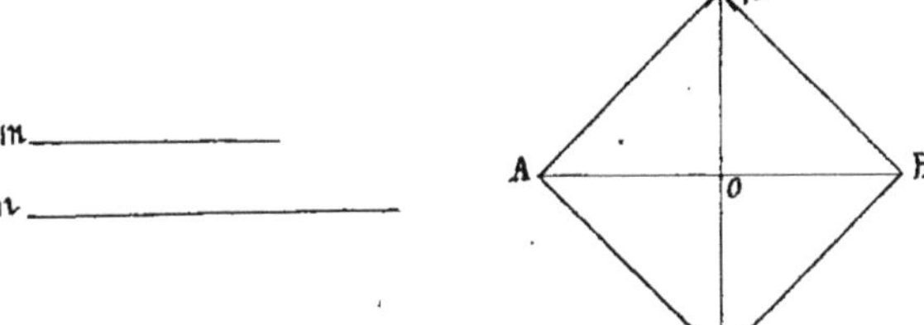

Soient les côtés m, n, et la diagonale p. Je tire AB égale à n. Du point A comme centre avec m pour rayon, je décris un arc de cercle. Du point B comme centre, avec une ouverture de compas égale à la diagonale p, je décris un second arc qui coupe le premier en O. Je tire OA. Au point B, je mène la ligne BH égale et parallèle à AO ; je joins OH et j'ai le parallélogramme OHBA qui répond à la question.

106. — 10° Construire un lozange.

Il faut connaître un des côtés et une diagonale.

Soient m le côté et n la diagonale. Je tire AB égale à la diagonale n. Des points A et B avec un rayon égal au côté donné, je décris au-dessus et au-dessous de AB deux arcs de cercle qui se coupent aux points p et r ; je tire Ap, pB, Br, rA.

12ᵉᵐᵉ Leçon.

107. — 11° Construire un polygone régulier.

Si le côté est arbitraire nous avons déjà vu qu'il suffit de décrire une circonférence, de la partager en autant de parties égales que le polygone doit avoir de côtés et de joindre les points de division deux-à-deux par des cordes.

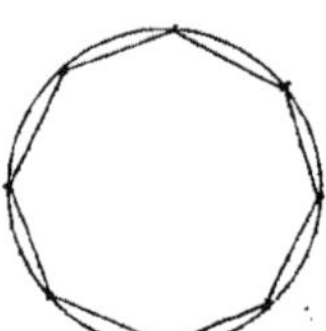

108. — Si le côté du polygone est donné, voici comment il faut procéder. Je trace une circonférence d'un rayon quelconque, je la divise en autant de parties égales que le polygone doit avoir de côtés, en 7 par exemple. Soient m, n, o, p, q, r, s les points de division. Je tire les droites om, on, oo, op, oq, or, os.

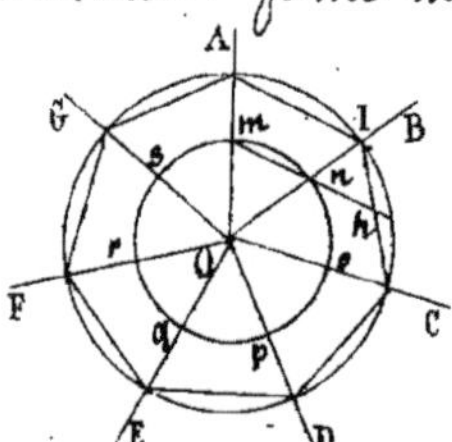

Je mène mn, à partir du point m, je prends une longueur mK égale au côté du polygone; je mène hi parallèle a Om, jusqu'à la rencontre de OB en I; puis du point O, comme centre avec OI pour rayon, je décris une circonférence qui coupera le prolongement des droites Om, On, Op, etc, en joignant ces points de divisions par des droites, j'aurai le polygone demandé.

109. — 12° Trouver le centre d'un arc.

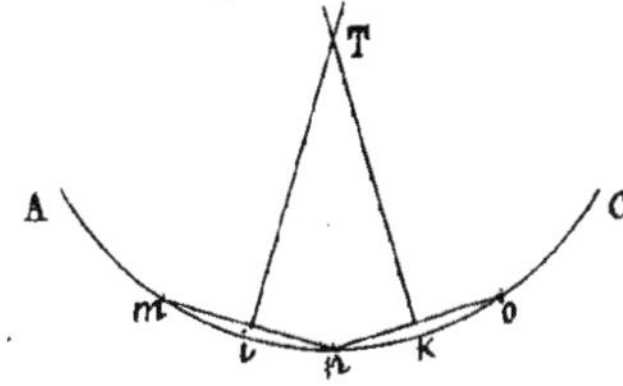

Soit l'arc A C. Je prends sur cet arc trois points quelconques m, n, o, je les unis par des cordes ; sur le milieu de chaque corde j'élève les perpendiculaires n I et K L qui se coupent au centre de l'arc A C.

110. — 13° Inscrire un carré dans un cercle.

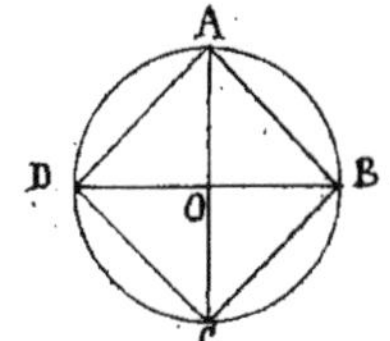

Il suffit de tirer dans ce cercle deux diamètres se coupant perpendiculairement, et de joindre leurs extrémités par des cordes A B, B C, C D, D H.

111. 14° Inscrire un octogone régulier.

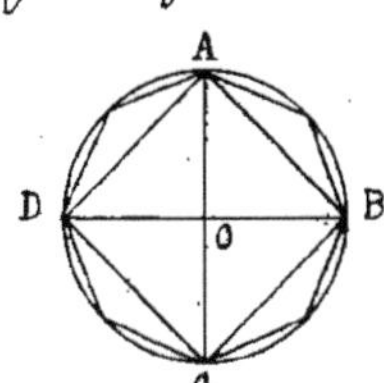

Après avoir d'abord inscrit le carré A B C D, je divise les arcs A B, B C, C D, D A chacun en deux parties égales ; je joins les points de division au sommet des angles du carré et j'obtiens un octogone régulier.

112. — 15° Inscrire un hexagone régulier.

Il faut décrire une circonférence, porter six fois le rayon sur cette circonférence et joindre les points de division par des cordes.

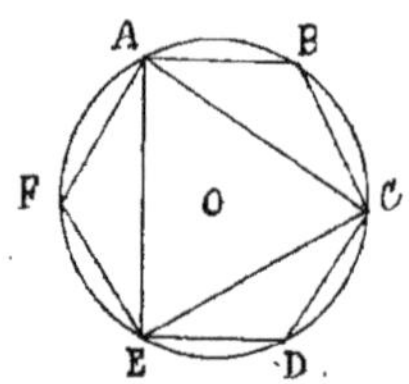

113. — Pour obtenir le triangle équilatéral inscrit, il faut joindre deux à-deux par des cordes les sommets des angles de l'hexagone régulier.

13ème Leçon.

114. — Deux figures sont égales lorsque appliquées l'une sur l'autre elles se confondent dans toute leur étendue. Deux triangles sont égaux lorsque placés l'un sur l'autre, leurs trois côtés se confondent dans tous leurs points.

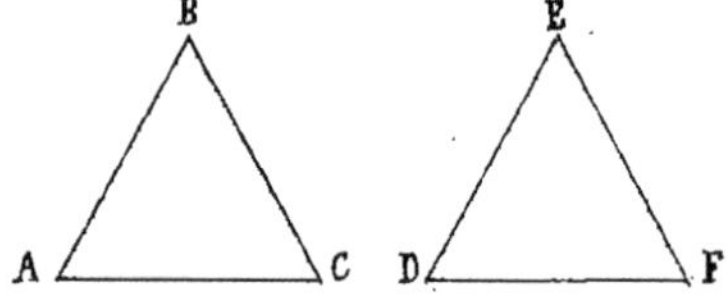

115. — Deux figures sont équivalentes lorsqu'elles ont la même surface sans avoir la même forme. Ainsi un cercle peut être équivalent en surface à un carré ou un triangle à un polygone quelconque.

116. — Il est souvent aussi question de figures semblables. Nous ne parlerons ici que des triangles.

117. — Deux triangles sont semblables, lorsqu'ils ont leurs angles respectivement égaux sans que pour cela leurs côtés soient égaux.

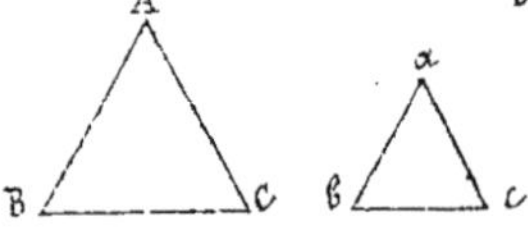

Les côtés opposés aux angles égaux sont appelés côtés homologues.

Deux triangles qui ont leurs côtés respectivement perpendiculaires sont semblables.

Deux triangles sont encore semblables quand ils ont leurs côtés parallèles considérés l'un par rapport à l'autre.

Section II.

14ᵉᵐᵉ Leçon.

Mesure des Surfaces.

118. — Pour mesurer une longueur, on se sert de l'unité linéaire qui est le mètre. On porte le mètre sur la longueur donnée autant de fois que cela est possible; s'il y a un reste, on l'évalue au moyen du décimètre, du centimètre, du millimètre qui sont les subdivisions du mètre; la longueur mesurée se trouve alors exprimée en mètres et parties de mètre.

119. — Le mètre vaut 10 décimètres, le décimètre dix centimètres, le centimètre 10 millimètres.

120. — Pour mesurer une surface, on prend comme unité de superficie le mètre carré.

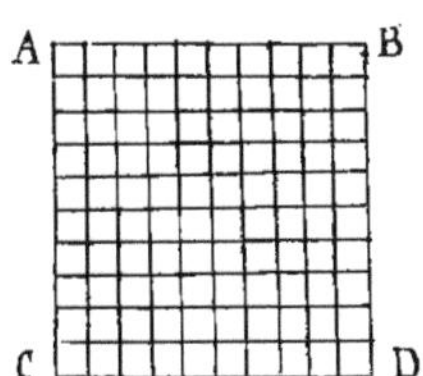

121. — C'est un carré qui a un mètre de côté.

122. — Sa valeur est de 100 décimètres carrés, c'est-à-dire qu'il renferme

100 petits carrés ayant un décimètre de côté.

En effet, si l'on divise les côtés A c et c D dont la longueur est de 1 mètre, chacun en 10 parties égales, ces parties seront des décimètres et si par chaque point de division on mène des droites parallèles aux côtés adjacens, ces parallèles se couperont mutuellement en parties égales et à angles droits; donc les petites figures partielles ainsi déterminées seront autant de décimètres carrés: pour en connaître le nombre, il suffira de remarquer que le carré ABDc est divisé en 10 bandes horizontales ou 10 bandes verticales qui sont des dixièmes de mètre carré et renfermant chacune 10 décimètres carrés; donc le mètre carré renferme 100 décimètres carrés. Donc le décimètre carré est un centième de mètre carré, et le centimètre carré un dix millième de mètre carré.

123. — Le décimètre carré vaut 100 centimètres carrés.

124. — Le centimètre carré vaut 100 millimètres carrés; et en général une unité carrée d'un ordre quelconque vaut 100 unités de l'ordre immédiatement inférieur.

125. — D'après ce qui précède, pour évaluer la partie décimale d'un nombre exprimant des mètres carrés en décimètres carrés, centimètres carrés, &ᵃ, à partir des unités, c'est-à-dire de la virgule on partage le nombre en tranches de deux en deux chiffres et on écrit un zéro à la droite de la dernière tranche si elle ne renferme qu'un chiffre. La 1ʳᵉ tranche exprime des décimètres carrés, la 2ᵉ des centimètres carrés &ᵃ. Ainsi le nombre 24 mètres carrés 17587 cent-millièmes de mètre carré est égal à 24 mètres carrés, 17 décimètres carrés, 58 centimètres carrés, 70 millimètres carrés.

126. — Les petites surfaces telles que la surface d'un plancher, des murs d'un appartement &ᵃ s'évaluent en mètres carrés et fractions de mètres carrés. La surface des champs et en général les surfaces agraires s'évaluent en hectares ares et centiares. Dans ce cas l'are est considéré comme unité de superficie. C'est un décamètre carré, c'est-à-dire un carré qui a un décamètre de côté; sa valeur est de 100 mètres carrés; en sorte que le mètre carré correspond au centiare; donc pour trouver le nombre d'ares contenus dans un nombre exprimant des mètres carrés, il suffit de séparer par une virgule deux chiffres à la droite de ce nombre. Ainsi 27546 mètres carrés équivalent à 275 ares 46 centiares.

15.me Leçon.

127.— Nous allons voir maintenant comment on obtient la surface des figures géométriques que nous avons étudiées précédemment.

128.— **Surface du rectangle.**— La surface du rectangle est égale au produit de sa base par sa hauteur; c'est-à-dire que pour obtenir la superficie d'un rectangle, on cherche en mètres, décimètres, &c. la longueur de la base et de la hauteur et on multiplie ces deux nombres l'un par l'autre; le produit indique la surface.

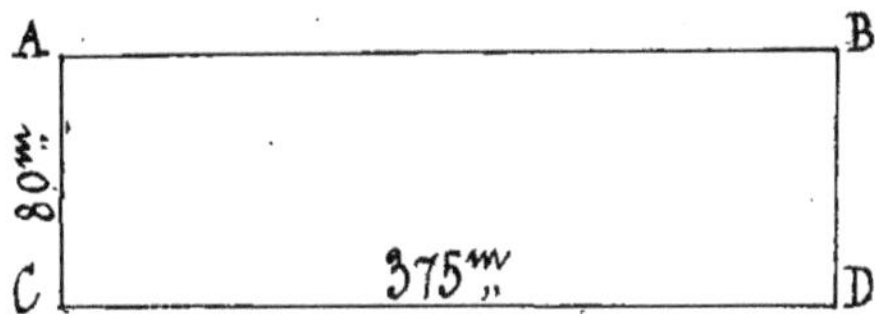

Supposons une pièce de terre de forme rectangulaire A B D c. Si la hauteur Ac à 80m la base cD 375m la superficie sera

$$375^{m} \times 80$$
$$\overline{300.00 \text{ m. carrés}}$$

ou 300 ares, ou 3 hectares.

129.— Dans la pratique de l'arpentage pour mesurer les longueurs sur le terrain on emploie la chaîne d'arpenteur qui a un décamètre de long. Cette chaîne se compose de 50 tiges de gros fil de fer ayant chacune deux décimètres de longueur et réunies entre elles par des anneaux de fer; les mètres sont marqués par des anneaux de cuivre de 5 en 5.

130.— **Surface du carré.**— La surface du carré s'obtient en multipliant son côté par lui-même; c'est-à-dire que pour avoir la surface du carré il faut multiplier par lui-même le nombre exprimant combien il y a de mètres, de décimètres &c, dans la longueur de son côté.

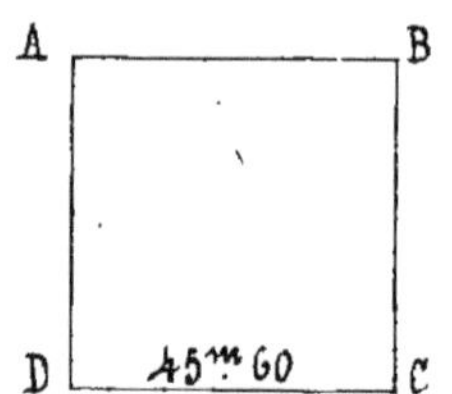

Supposons qu'un carré A B C D ait 45ᵐ,60 de côté, sa surface sera

$$
\begin{array}{r}
45^{m}.60 \\
\times\ 45^{m}.60 \\
\hline
2\,7\,3\,6 \\
2\,2\,8\,0\ \ \\
1\,8\,2\,4\ \ \ \ \\
\hline
20\,79^{m.c}.36^{d.c}.
\end{array}
$$

ou 20 ares 80 centiares environ.

131. — Delà vient qu'en arithmétique, on appelle carré d'un nombre le produit qu'on obtient en multipliant ce nombre par lui-même. Ainsi $7 \times 7 = 49$ qui est le carré de 7.

132. — *Surface du parallélogramme.* — La surface du parallélogramme est égale au produit de sa base par sa hauteur ; c'est-à-dire qu'il faut déterminer le nombre d'unités de longueur contenues dans la base, le nombre d'unités de longueur contenues dans la hauteur, et multiplier ces deux nombres l'un par l'autre.

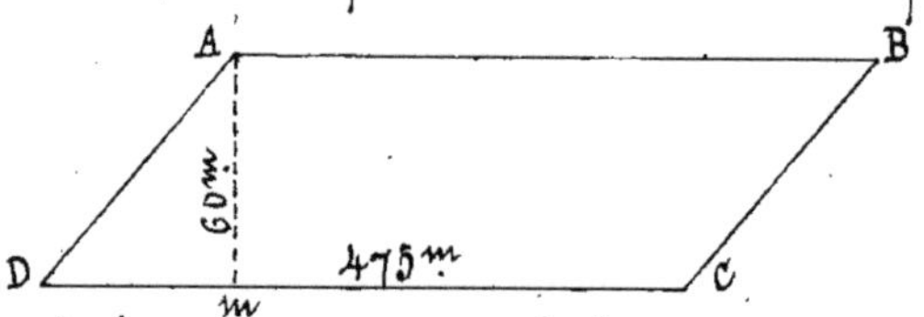

Supposons que la base D c ait 475ᵐ et la hauteur A m 60ᵐ ; la surface du parallélogramme sera

$$
\begin{array}{r}
475^{m} \\
\times\ \ 60 \\
\hline
28500
\end{array}
$$

mètres carrés, ou 285 ares, ou 2 hectares 85 ares.

133. — On voit par là qu'un parallélogramme est équivalent à un rectangle qui aurait les mêmes dimensions, c'est-à-dire même base et même hauteur.

16ᵐᵉ Leçon.

134. — *Surface du triangle.* — La surface du triangle est égale à la moitié du produit de sa base par sa hauteur ce qui veut dire qu'il faut multiplier le nombre de mètres décimètres &c. contenus dans la base, par le nombre de mètres, décimètres, &c. contenus dans la hauteur et prendre la moitié du résultat.

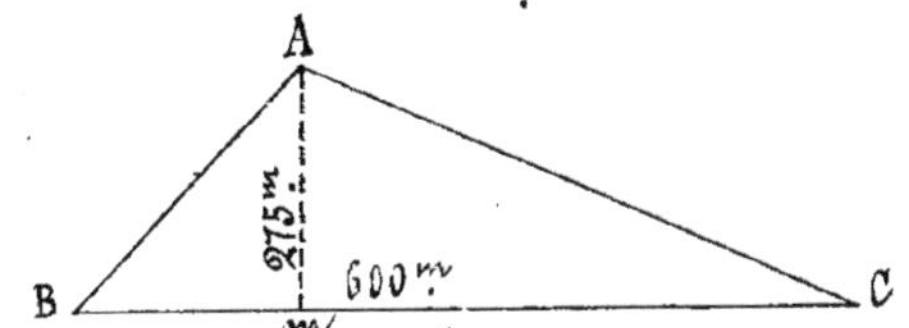

Soit un triangle A B C qui aurait 600ᵐ de base et 275ᵐ de hauteur; sa surface serait

$$600$$
$$\times \ 275$$
$$165000 \ \text{mètres carrés.}$$

½   825.00 mèt. carrés ou 825 ares, ou 8 hect. 25 ares.

135. — On voit par ce résultat que tout triangle ACB est la moitié du parallélogramme ADBC qui aurait les mêmes dimensions c'est-à-dire même base et même hauteur.

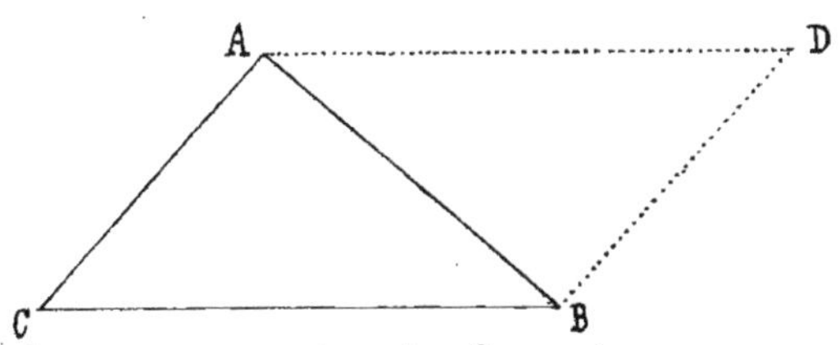

136. — *Surface du trapèze.* — La surface du trapèze est égale au produit de la demi-somme de ses bases par sa hauteur; c'est-à-dire que pour obtenir cette surface, on fait la somme des unités de longueur contenues dans la base et la hauteur, on en prend la moitié que l'on multiplie par le nombre des unités de longueur contenues dans la hauteur.

Soit un trapèze A B C D dont les bases auraient, l'une 375ᵐ, l'autre 580ᵐ et la hauteur 125ᵐ.

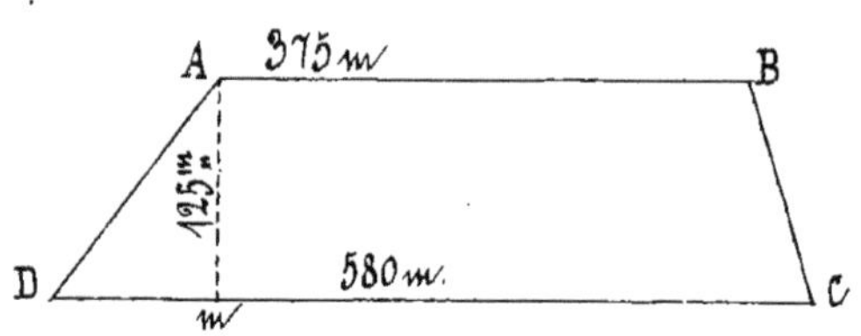

$$
\begin{array}{l}
580 \\
375 \\
\hline
\text{Somme des bases } 9\,5\,5 \\
\tfrac{1}{2}\text{ Somme } 477^{m}\,5
\end{array}
\qquad
\begin{array}{l}
477^{m}\,5 \\
\times\,1\,2\,5. \\
\hline
2\,3\,8\,7\,5 \\
9\,5\,5\,0 \\
4\,7\,7\,5 \\
\hline
596.87^{mc}\,5 \text{ ou } 5 \text{ hect. } 96 \text{ ares } 87\,c. \text{ environ.}
\end{array}
$$

137. — Un trapèze est donc équivalent à un rectangle qui aurait même hauteur et dont la base serait égale à la demi-somme des bases du trapèze.

138. — *Surface d'un polygone irrégulier quelconque.* — Pour trouver la surface d'un polygone quelconque, on le décompose en triangles par des diagonales partant d'un même sommet; on cherche séparément la surface de chaque triangle, puis on fait la somme de toutes les surfaces triangulaires et on a celle du polygone.

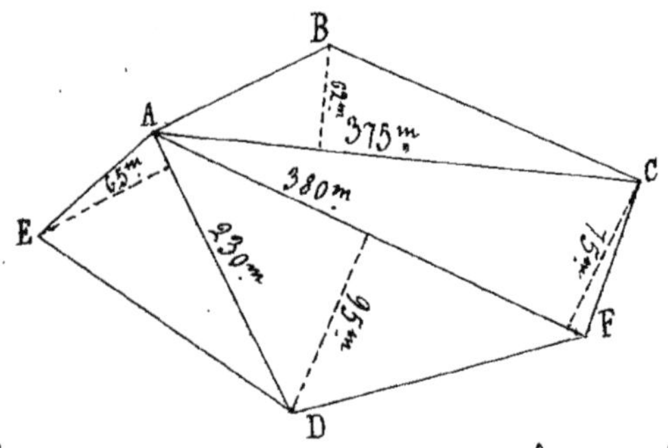

Soit le polygone ABCFDF. Du point A, je tire les diagonales AC, AF, AD qui partagent le polygone comme l'indique la figure. Voici la disposition des calculs.

Triangle A B C
3 7 5 ^{m}.
× 6 2 ^{m}
_____
7 5 0
2 2 5 0
_____
2 3 2 ^{ares} 5 0 $^{cent.}$
½ 1 1 6 ^{ares} 2 5 $^{cent.}$

Triangle A C F
3 8 0 ^{m}.
× 7 5 ^{m}
_____
1 9 0 0
2 6 6 0
_____
2 8 5 ^{ares} 0 0 $^{cent.}$
½ 1 4 2 ^{ares} 5 0 $^{cent.}$

Triangle A F D
3 8 0 ^{m}
× 9 5 ^{m}
_____
1 9 0 0
3 4 2 0
_____
3 6 1 ^{ares} 0 0 $^{cent.}$
½ 1 8 0 ^{ares} 5 0 $^{cent.}$

Triangle A D E
2 3 0 ^{m}.
× 6 5 ^{m}
_____
1 1 5 0
1 3 8 0
_____
1 4 9 ^{ares} 5 0 $^{cent.}$
½ 7 4 ^{ares} 7 5 $^{cent.}$

Récapitulation.

Triangle A B C = 116 ares 25 Centiares.
Triangle A C F = 142 ares 50 Centiares.
Triangle A F D = 180 ares 50 Centiares.
Triangle A E D = 74 ares 75 Centiares
Polygone A B C F D E = 514 ares 00 Cent. ou 5 hectares, 14 ares.

17me Leçon.

139.— **Surface d'un polygone régulier.**— Pour obtenir la surface d'un polygone régulier, d'un hexagone, par exemple, on partage un des angles du polygone en deux parties égales par une droite qui doit passer par son centre; puis au milieu d'un des côtés on élève une perpendiculaire qui coupera cette droite au centre même; une fois le centre déterminé, on mène de ce point des rayons au sommet de tous les angles du polygone qui se trouve ainsi divisé en autant de triangles isocèles égaux qu'il a de côtés. On cherche la surface d'un de ces triangles, on la répète autant de fois qu'il y a de triangles et on a la surface du polygone.

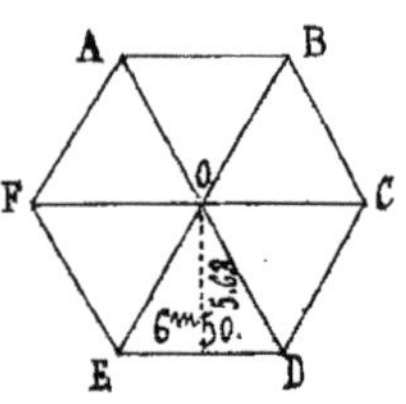

Soit le polygone A B C D E F . Si le côté E D a 6^m 50, l'apothême 5^m 63, la surface du triangle isocèle E O D sera

$$6^{m}.50$$
$$\times \ 5^{m}.63$$

$$\begin{array}{r} 1\ 9\quad 5\ 0 \\ 3\ 9\quad 0\ 0 \\ 3\ 2\quad 5\ 0 \\ \hline \tfrac{1}{2}\ \ 3\ 6\ 5\ 9\quad 5\ 0 \\ 1\ 8\ 2\ 9\quad 7\ 0 \end{array}$$

ou 18^m 30$^{d.c.}$ environ. Comme le polygone renferme 6 triangles, sa surface sera

18 mètres carrés, 30 d. carrés × 6 = 109 m.c. 80 d. carrés.

140.— On aurait obtenu le même résultat, en multipliant le périmètre du polygone, c'est-à-dire la longueur de son contour par la moitié de l'apothême. Le calcul aurait donné :

$$6^{m}.50$$
$$\times \ 6$$

Longueur du périmètre $\quad 3\ 9^{m}\ 0\ 0$
multipliée par la $\frac{1}{2}$ de l'apoth. $\quad 2^{m}\ 8\ 1\ 5$

$$\begin{array}{r} 1\ 9\ 5 \\ 3\ 9 \\ 3\ 1\ 2 \\ 7\ 8 \\ \hline \end{array}$$

Surface. $\quad 109^{m}.78^{d.c}\ 5$

18ᵉ Leçon.

141. — _Surface du Cercle._ — Avant de nous occuper de la surface du cercle, nous allons indiquer comment on évalue la circonférence. Il faut d'abord connaître le diamètre, et on le détermine toujours facilement. Le diamètre étant connu, pour trouver la circonférence, on multiplie le diamètre par 3 et on ajoute au produit 1/7 du diamètre.

Supposons que le rayon d'un cercle soit 3ᵐ 35 son diamètre sera 6ᵐ 70. Je multiplie ce nombre par 3.

$$6^m\ 70$$
$$3$$
$$\overline{\quad 2\ 0\ 1\ 0\quad}$$

J'ajoute 1/7 de 6ᵐ 70 ou . . . 0.97
Longueur de la circonférence 21ᵐ 07

142. — Pour trouver le rayon d'un cercle quand la circonférence est connue, on multiplie la circonférence par 0,159. Ainsi dans l'exemple précédent la circonférence étant 21ᵐ 07 son rayon sera donné par le produit de

$$21^m\ 07$$
$$0,159$$
$$\overline{\quad\quad\quad}$$
$$1\ 8\ 9\ 6\ 3$$
$$1\ 0\ 5\ 3\ 5$$
$$2\ 1\ 0\ 7$$
$$\overline{\quad\quad\quad}$$

$3^m\ 3\ 5\ 0\ 1\ 3$ ou 3 mètres 35 centimètres.

143. — Pour obtenir la surface d'un cercle, on multiplie la circonférence par le rayon et on prend la 1/2 du produit.

Soit une circonférence de 29ᵐ 50 et dont le rayon serait 4ᵐ 69. La surface du cercle sera :

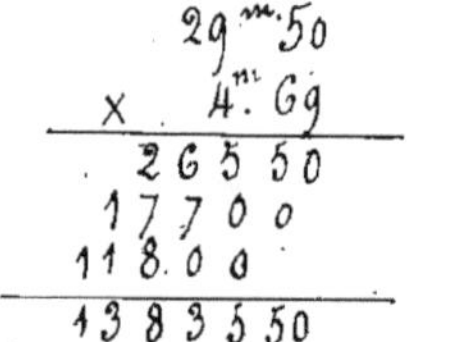

$$29^{m}50 \times 4^{m}69$$

$$
\begin{array}{r}
2\,6\,5\,5\,0 \\
1\,7\,7\,0\,0 \\
1\,1\,8\,0\,0 \\
\hline
1\,3\,8\,3\,5\,0
\end{array}
$$

½ 69.17.75 = 69 mètres carrés, 17 d. carrés, 75 cent. carrés.

144. — Pour s'en rendre compte, on pourra considérer la surface du cercle comme étant composée d'une infinité de petits triangles isocèles égaux dont les sommets se réunissent au centre du cercle et qui ont tous pour base un arc si petit de la circonférence, qu'à la rigueur on peut le considérer comme une ligne droite. Or la surface de l'un de ces triangles est égale au produit de sa base par la moitié de sa hauteur; cette surface répétée un grand nombre de fois formerait la superficie du cercle, et l'ensemble des bases des triangles formerait la circonférence entière. On obtiendra donc le même résultat en multipliant toute la circonférence par la moitié du rayon.

145. — La surface du cercle peut encore être obtenue par le procédé suivant: On multiplie le rayon par lui-même et le produit par le nombre 3,1416. Soit un cercle de 3^m 50 de rayon : on aura le calcul suivant.

$$
\begin{array}{r}
3^{m}50 \\
\times\ 3^{m}50 \\
\hline
1\,7\,5\,0\,0 \\
1\,0\,5\,0 \\
\hline
1\,2\,2\,5.00
\end{array}
$$

Produit par 3.1416.

$$
\begin{array}{r}
7\,3\,5\,0 \\
1\,2\,2\,5 \\
4\,9\,0\,0 \\
1\,2\,2\,5 \\
3\,6\,7\,5 \\
\hline
\end{array}
$$

Surface. 38 m.c 48 d.c 46 c.c 00

Fin de la 1ère Partie.

2me PARTIE.

Section 1.

Solides ou corps.

19me Leçon

146. — On appelle *solide ou corps* tout ce qui réunit les trois dimensions de l'étendue : longueur, largeur et hauteur.

147. — Il y a deux espèces de solides : les polyèdres et les corps ronds.

148. — Les polyèdres sont des corps enveloppés par des surfaces planes qui sont des polygones ; un dé à jouer, par exemple.

149. — Les plus remarquables de ces solides, sont le prisme et la pyramide.

150. — Les corps ronds sont terminés, du moins en partie par des surfaces courbes : un pain de sucre, par exemple.

151. — Les plus remarquables sont le cylindre, le cône et la sphère.

Prisme.

152. — Le prisme est un polyèdre dont les faces sont des parallélogrammes aboutissant aux différents côtés de deux polygones égaux et parallèles qui sont les bases du prisme.

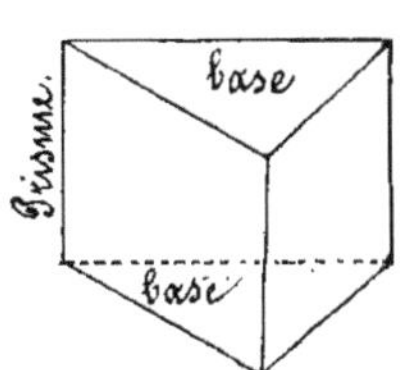

153._ Le prisme est régulier quand ses bases sont des polygones réguliers .

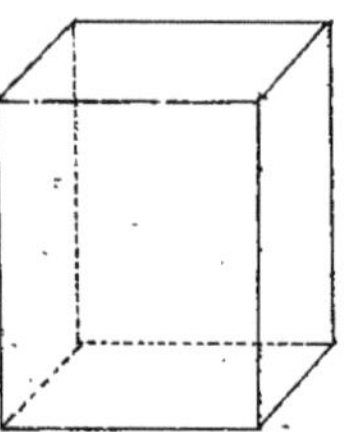

154._ Il est irrégulier dans le cas contraire .

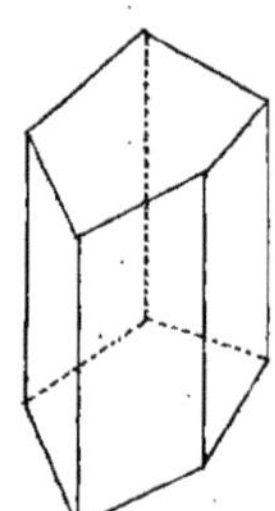

155 ._ On appelle arête d'un prisme la ligne suivant laquelle deux faces se terminent .

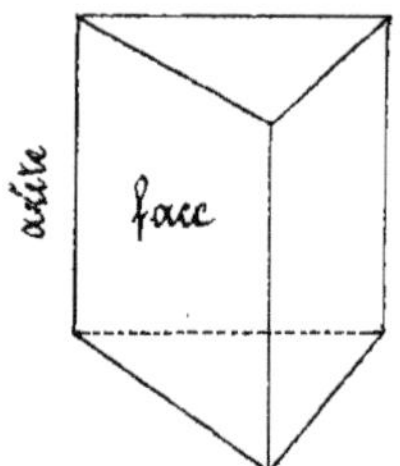

156._ Le prisme est droit quand ses arêtes sont perpendiculaires aux bases .

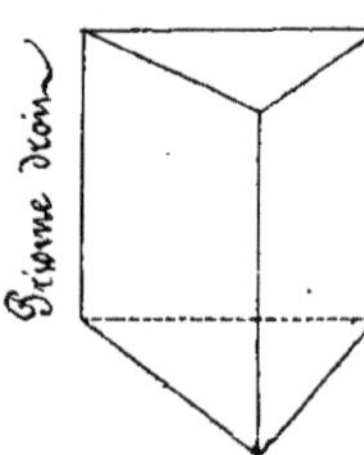

157. — Il est oblique dans le cas contraire.

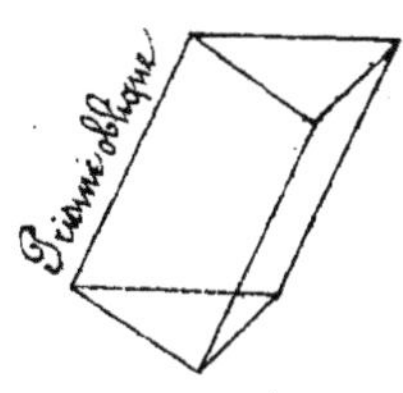

158. — La hauteur du prisme est déterminée par la perpendiculaire qui mesure la distance de ses deux bases.

159. — Quand le prisme est droit, on peut prendre pour hauteur une de ses arêtes.

160. — Le prisme est triangulaire, quadrangulaire, pentagonal, hexagonal, etc, selon qu'il a pour base un triangle, un quadrilatère, un pentagone, un hexagone, etc.

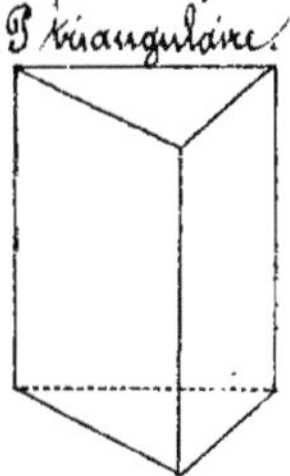

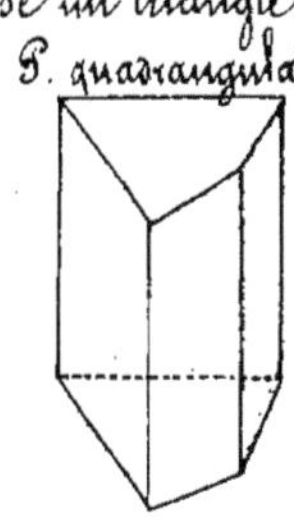

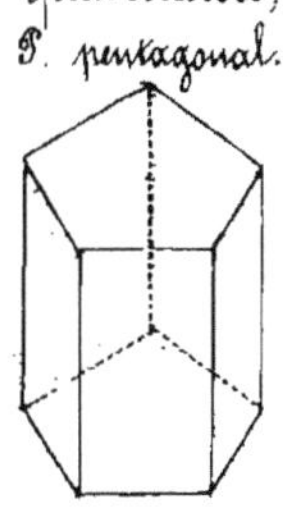

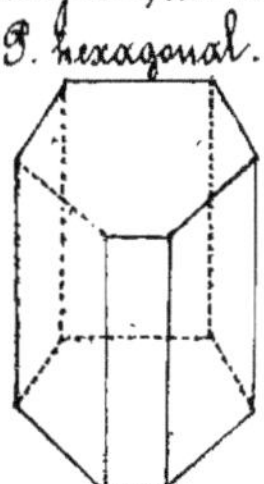

161. — Le prisme prend le nom de parallélipipède quand ses faces et ses bases sont des parallélogrammes.

162. — Si ses faces et ses bases sont des rectangles, il prend le nom de parallélipipède rectangle.

163. — Le plus remarquable des parallélipipèdes rectangles est le cube.

164. — C'est un solide compris sous six faces égales qui sont des carrés.

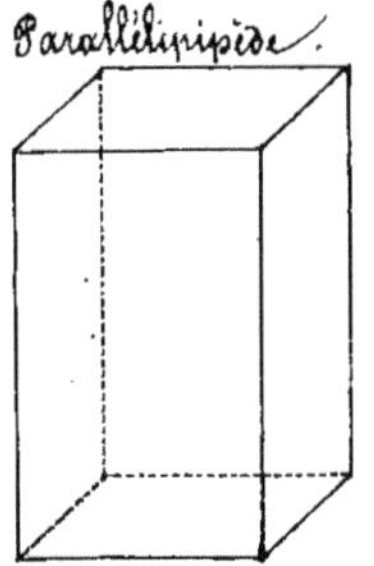

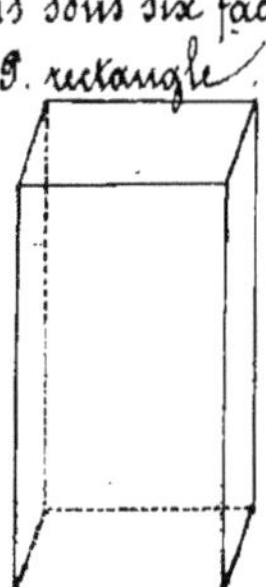

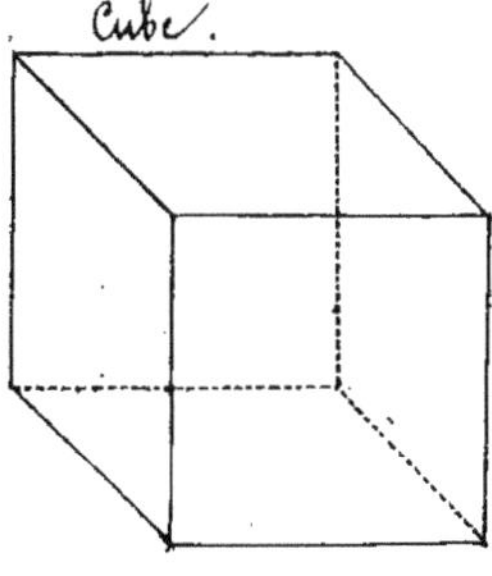

20me Leçon

Pyramide

165. — La pyramide est un corps compris sous plusieurs faces qui sont des triangles, dont les sommets se réunissent en un même point S et qui ont tous pour base un des côtés du polygone A B C D E sur lequel repose la pyramide et qu'on nomme sa base.

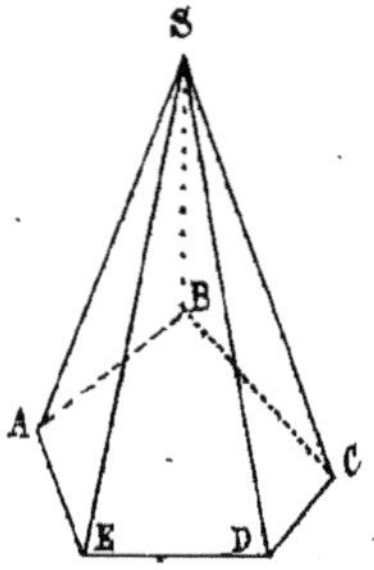

166. — Le point S sommet de tous les triangles, est aussi le sommet de la pyramide.

167. — Une pyramide est triangulaire, quadrangulaire, pentagonale, hexagonale, etc. selon qu'elle a pour base un triangle, un quadrilatère, un pentagone, un hexagone, etc.

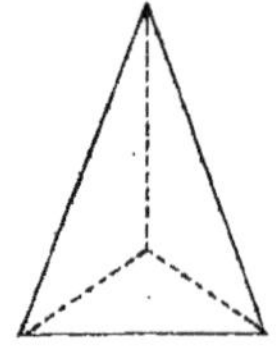 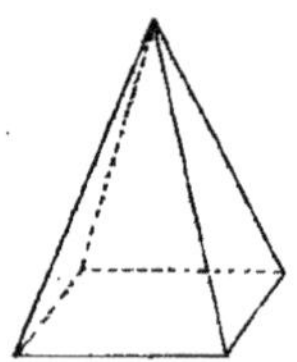 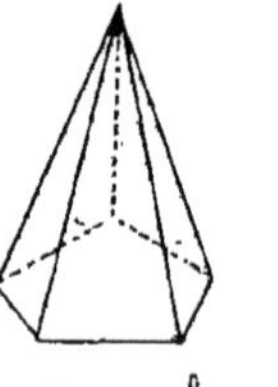

P. triangulaire.   P. quadrangulaire.   P. pentagonale.   P. hexagonale.

168. — La pyramide est régulière quand sa base est un polygone régulier, et que la perpendiculaire abaissée de son sommet passe par le centre de ce polygone. Cette perpendiculaire se nomme axe de la pyramide.

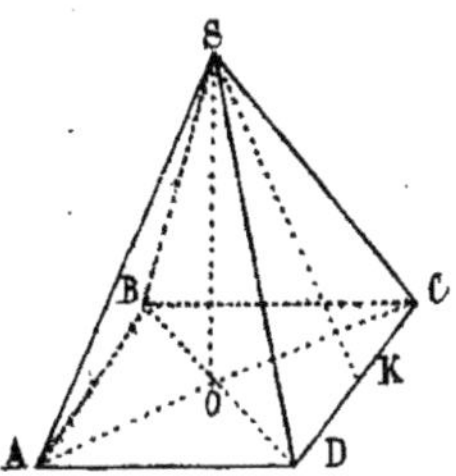

169. — Quand la pyramide ne remplit pas ces conditions, elle est irrégulière.

170. — La perpendiculaire SK abaissée du sommet de la pyramide sur le milieu d'un des côtés de sa base, se nomme apothème.

171. — Il est facile de remarquer que les triangles qui forment la surface d'une pyramide régulière sont égaux, puisqu'ils sont tous formés d'un côté de la base et deux arêtes égales.

172. — Tous les apothèmes sont aussi égaux, puisqu'ils mesurent tous la hauteur de triangles égaux.

173. — Quand une pyramide est droite, toutes ses arêtes sont égales, autrement, elle est oblique.

174. — Une pyramide régulière est donc toujours droite, et sa hauteur ne diffère point de son axe.

175. — On appelle tronc de pyramide le solide qui reste quand on a retranché dans le haut d'une pyramide une portion quelconque par une section parallèle à la base.

176. — Ce solide est régulier ou irrégulier, droit ou oblique, selon qu'il appartient à une pyramide régulière ou irrégulière, droite ou oblique.

177. — Puisque le plan qui détermine le tronc de pyramide est parallèle à la base, les faces latérales de ce solide sont des trapèzes. Si le tronc est régulier, tous ces trapèzes sont égaux et ont pour hauteur commune la partie de l'apothème comprise entre les bases parallèles.

21ᵐᵉ Leçon.

Cylindre.

178. — On appelle cylindre le solide que déterminerait un parallélogramme rectangle A B C D, que l'on ferait tourner autour d'un de ses côtés immobile B C.

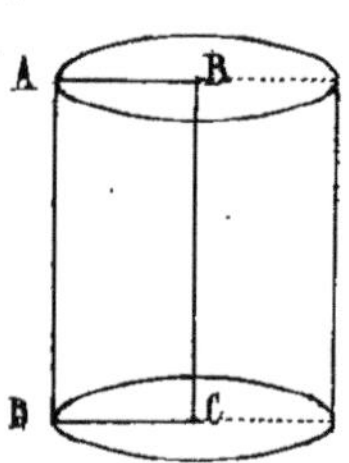

179. — Dans ce mouvement, les côtés A B, et D C décrivent deux cercles qui sont les bases du cylindre, et le côté A D en décrit la surface convexe.

180. — La droite B C qui joint le centre des deux bases, se nomme axe du cylindre.

181. — Lorsque cet axe est perpendiculaire aux bases, le cylindre est droit.

182. — Si dans un cylindre droit on enlève une portion à chaque extrémité par deux sections parallèles entre elles, mais obliques à l'égard des bases du cylindre droit, on obtient un cylindre oblique.

183. — Le cylindre droit n'est autre chose qu'un prisme dont les bases sont des cercles.

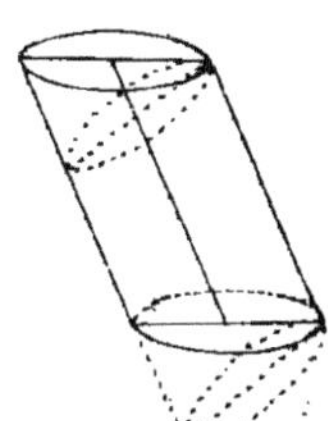 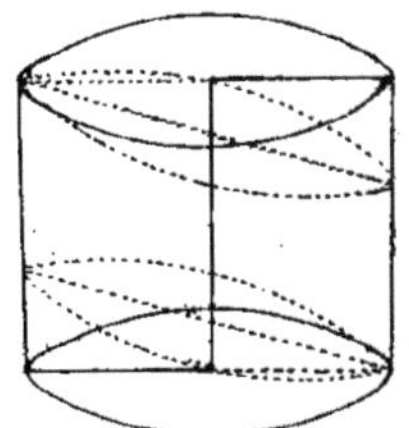

184. — Dans un cylindre oblique l'axe n'est plus perpendiculaire aux bases; et ces bases elles-mêmes ne sont plus des cercles, mais des ellipses.

185. — On donne souvent au fond d'une cuve la forme d'une ellipse.

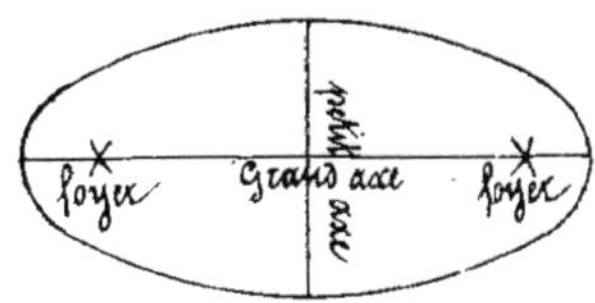

186. — Dans une ellipse, il y a le grand axe ou le grand diamètre, et le petit axe ou le petit diamètre qui est une ligne perpendiculaire au milieu du grand axe.

187. — Il y a aussi deux foyers.

Si d'une des extrémités du petit axe comme centre, avec un rayon égal au demi-grand axe on décrit un arc, cet arc, coupe le grand axe en deux points appelés foyers; ils jouissent de cette propriété, que les lignes menées de ces deux points à des points quelconques de la courbe, donnent toujours la même longueur. Ces deux foyers sont situés à égale distance sur le grand axe.

22ème Leçon

Cône.

188. — On appelle cône, le solide qu'on déterminerait en faisant tourner un triangle rectangle autour d'un des côtés fixe de l'angle droit.

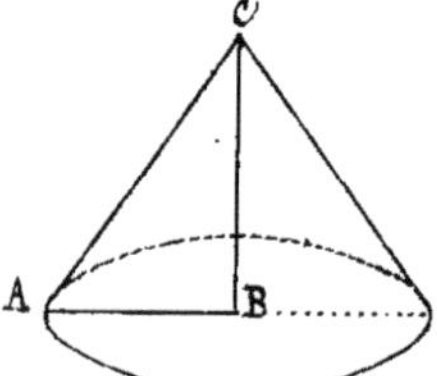

189. — Dans ce mouvement, le côté A B décrit une circonférence qui est la base du cône, l'hypothénuse C.A décrit la surface convexe du cône.

190. — Le point C s'appelle sommet du cône, C B l'axe ou la hauteur et C A, le côté ou l'apothème.

191. — L'axe C B est-il perpendiculaire à la base du cône ? dans ce cas, le cône est droit.

192. — Quand par une section oblique à la base du cône, on enlève une partie de ce solide, ce qui reste est un cône oblique.

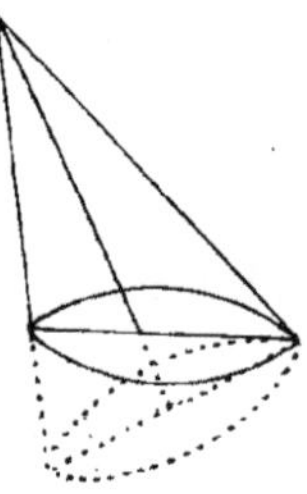

193. — Dans un cône oblique, l'axe n'est pas perpendiculaire à la base comme on le voit par la figure.

194. — Un cône n'est autre chose qu'une pyramide régulière dont la base est un cercle.

195. — Si l'on coupe un cône par un plan parallèle à la base et qu'on enlève la partie supérieure, la partie qui reste est un tronc de cône.

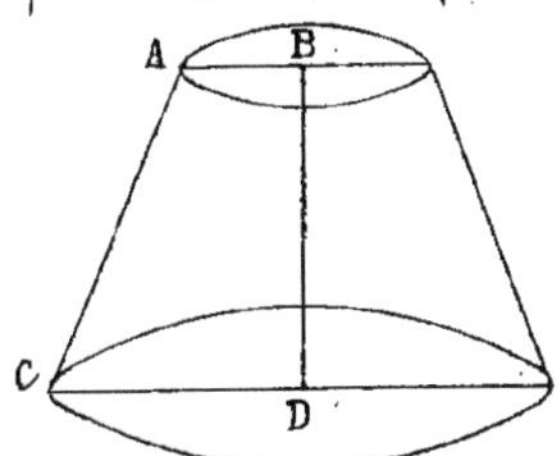

196. — On peut considérer ce solide comme étant déterminé par le trapèze A B C D que l'on ferait tourner autour de son côté B D considéré comme axe.

197. — B D est l'axe ou la hauteur du tronc de cône ; les cercles A B et C D en sont les bases, et A C le côté.

198. — Un tronc de cône n'est autre chose qu'un tronc de pyramide régulière dont les bases seraient des cercles.

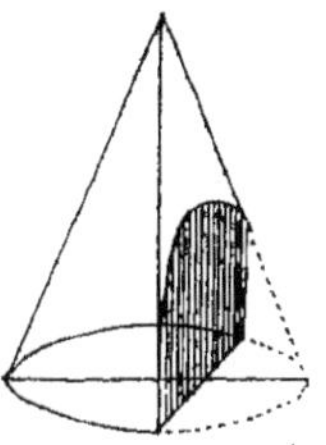

199. — Quand on coupe un cône par une section parallèle à son côté, on obtient une courbe qu'on appelle une parabole.

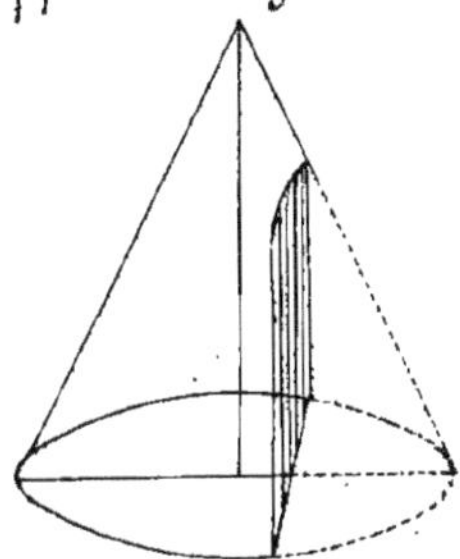

200. — Quand on coupe un cône par une section parallèle à son axe, on obtient une courbe appelée hyperbole.

23ᵉᵐᵉ „ Leçon.

Sphère.

201.— La sphère est un corps terminé de toutes parts par une surface courbe dont tous les points sont également éloignés d'un point intérieur appelé centre.

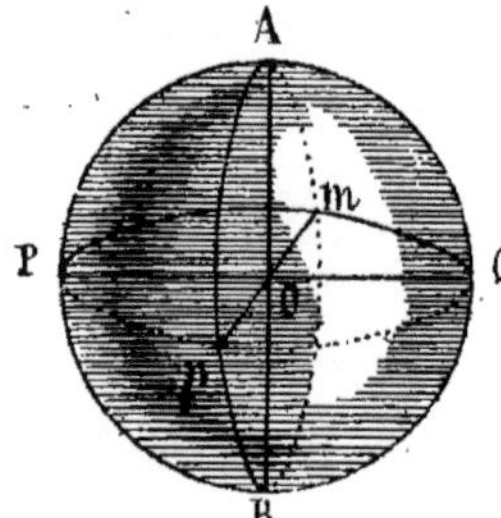

202.— On pourrait considérer la sphère comme étant déterminée par le demi-cercle A P B tournant autour de son diamètre A B considéré comme axe.

203.— On appelle rayon une droite O N qui joint le centre à un point quelconque de la surface. D'après la définition de la sphère, tous les rayons sont égaux.

204.— On appelle diamètre toute droite P Q qui passe par le centre et se termine de part et d'autre à la surface de la sphère. Chaque diamètre se compose de deux rayons, et tous les diamètres sont égaux.

205.— Le diamètre A B s'appelle axe, et ses deux extrémités A et B se nomment pôles.

206.— Quand on coupe une sphère par un plan qui se confond avec son axe, la section détermine un grand cercle A m B n A est un grand cercle.

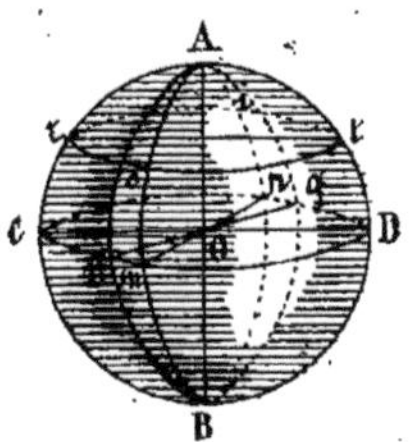

207. — Si la section n'est pas dirigée suivant l'axe et ne passe point par le centre de la sphère, on obtient un petit cercle; t s t v est un petit cercle.

208. — Lorsqu'on coupe une sphère par un plan mené à volonté, la portion qu'on enlève s'appelle segment sphérique et la surface qui enveloppe ce volume s'appelle calotte sphérique.

209. — Si l'on coupe une sphère par deux plans parallèles, la portion comprise entre ces deux plans est ce qu'on appelle une tranche sphérique. La surface qui recouvre cette tranche s'appelle zône. Les deux cercles parallèles sont les bases de la zône, et leur distance est la hauteur de la tranche ou de la zône.

210. — Les deux moitiés de la sphère séparées par un grand cercle, portent le nom d'émisphères.

211. — Tous les grands cercles tracés suivant l'axe de la sphère se nomment méridiens.

212. — Lorsqu'un plan est mené perpendiculairement à l'axe de la sphère, et la divise en deux hémisphères, on obtient un grand cercle appelé équateur.

213. — Tous les cercles menés parallèlement à l'équateur sont de petits cercles, on les nomme cercles parallèles.

214. — On considère la terre que nous habitons comme une sphère, c'est-à-dire comme un corps terminé par une surface sensiblement courbe, car les montagnes les plus élevées du globe ne dépassent pas en hauteur la millième partie du rayon terrestre; de sorte que l'ensemble des montagnes, comparée au volume de la terre, ne forme pas de rugosités plus fortes que les petites

aspérités que l'on remarque sur la peau d'une orange.

215.— On sait que la terre tourne sur elle-même en 24 heures, ce mouvement de rotation qui s'appelle mouvement diurne, et qui produit le jour et la nuit, s'exécute autour d'une droite que l'on suppose passer par le centre de la terre. Cette droite s'appelle axe ou essieu; les deux extrémités de cet axe sont les pôles de la terre. Il y a le pôle nord ou arctique et le pôle sud ou antarctique.

216.— Le cercle mené perpendiculairement à l'axe de la terre et à égale distance des deux pôles, s'appelle équateur ou égalisateur parce que quand les rayons du soleil tombent perpendiculairement sur ce cercle, la durée de la nuit est égale à celle du jour dans toutes les contrées du globe.

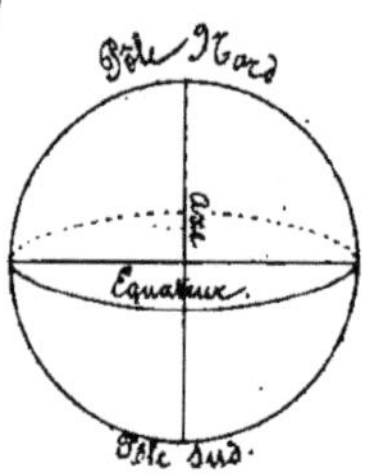

217.— Les cercles menés par chaque point de l'équateur et passant par les pôles se nomment méridiens, parce que quand le soleil se trouve dans le plan de l'un d'eux, il est midi ou minuit pour tous les lieux de la terre placés sur ce cercle.

218.— La circonférence de l'équateur est divisée en degrés, minutes et secondes. Ces degrés sont appelés degrés de longitude ou de longueur, on en compte 360.

219.— Les méridiens sont également divisés en 360 degrés. Si par chaque degré du méridien, on fait passer un cercle perpendiculairement à l'axe de la terre ou parallèlement à l'équateur, tous ces cercles sont appelés parallèles.

220.— Les degrés comptés sur les méridiens s'appellent degrés de latitude ou de largeur. On en compte 90 de l'équateur à chaque pôle..

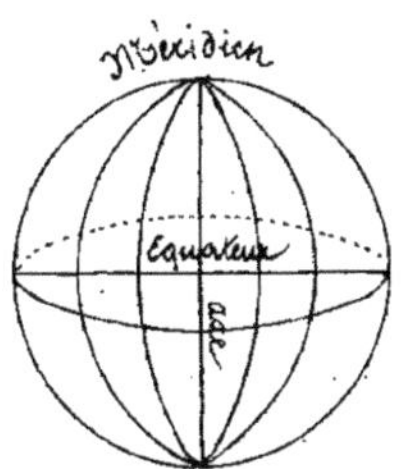

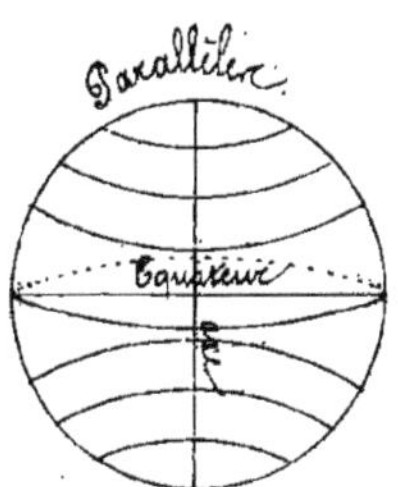

221. — Parmi les méridiens, il en est un que les géographes français ont adopté comme point de départ pour compter les degrés de longitude, soit à l'Est, soit à l'Ouest. C'est celui qui passe par l'observatoire de Paris. C'est aussi de la longueur de ce méridien qu'on a déduit la valeur du mètre.

222. — Parmi les cercles parallèles, il en est quatre qui méritent aussi une attention particulière : ce sont les deux cercles polaires et les deux tropiques.

223. — Les cercles polaires sont situés à 23°, 28' des pôles

224. — Les tropiques sont des cercles situés à 23°. 28' de l'équateur.

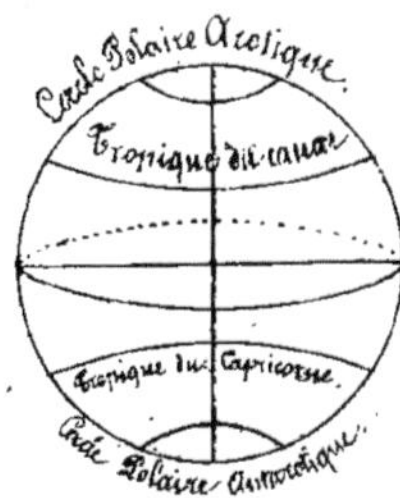

225. — Sous le rapport du climat, de la température, ces cercles divisent la surface du globe en 5 zônes ou bandes ; les deux zônes glaciales comprises entre les cercles polaires et les pôles, les deux zônes tempérées, comprises l'une entre le cercle polaire du Nord et le tropique du Cancer ; l'autre entre le cercle polaire du sud et le tropique du capricorne ; enfin la zône torride ou brûlée comprise entre les deux tropiques, et divisée en deux parties égales par l'équateur.

Section II.

24ᵉᵐᵉ Leçon.

Surface d'un Polyèdre.

Surface des corps.

226.— Les faces d'un polyèdre étant des polygones, il suffit, pour obtenir la surface d'un polyèdre quelconque, d'évaluer la surface de chaque polygone, et de faire la somme des surfaces obtenues.

Surface d'un Prisme.

227.— Pour obtenir la surface latérale d'un prisme droit, on multiplie le périmètre de sa base par sa hauteur.

228.— Supposons qu'on veuille couvrir de papier les murs d'un salon octogone. Ce salon représente un prisme à 8 faces. Sa hauteur étant égale à 4ᵐ et chaque mur ayant 3ᵐ 50 de largeur, on demande combien il faudra employer de rouleaux de papier de 3ᵐ de longueur, sur 0ᵐ 75 de largeur ?

229.— Pour résoudre cette question, il faut d'abord chercher le périmètre de la base, ce qui sera obtenu en multipliant 2ᵐ 50 par 8, c'est-à-dire par le nombre des côtés du prisme.

$$\begin{array}{r} 2^{m} \, 50 \\ 8 \\ \hline 20^{m} \, 00 \end{array}$$

Le périmètre étant égal à 20 mètres, la surface sera donnée par le produit de 20 mètres multipliés par la hauteur du prisme, c'est-à-dire par 4 mètres.

$$20^m \times 4 = 80 \text{ mètres carrés.}$$

Maintenant pour déterminer le nombre des rouleaux de papier, il faut chercher la surface d'un seul, et diviser la surface du prisme par la surface du rouleau. Or chaque rouleau à la forme d'un rectangle et la surface du rouleau est égale à $0^m 75 \times 3 = 2^{m.c.} 25^{d.c.}$; donc le quotient de 80 mètres carrés par $2^{m.c.} 25^{d.c.}$ donnera le nombre de rouleaux qui est de 36 et en supposant que chaque rouleau coûte $1^f 50$, la dépense sera $1^f 50 \times 36 = 54$ francs.

230.— Si le prisme était oblique ou irrégulier, il faudrait chercher la surface de chaque parallélogramme séparément, puis faire la somme de toutes les surfaces obtenues.

25.ème Leçon.

231.— La surface latérale d'une pyramide régulière est égale à la moitié du produit de son périmètre par son apothème.

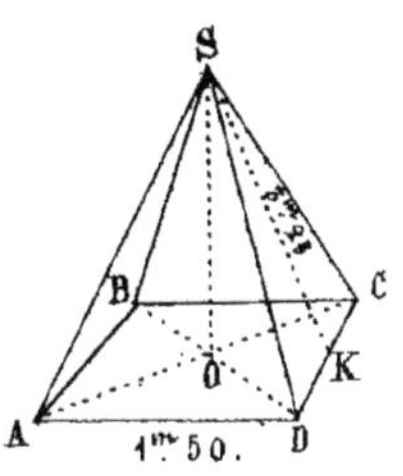

C'est-à-dire que pour obtenir la surface d'une pyramide régulière S A B C D, on détermine la longueur de son apothème S K et le contour de sa base A B C D, on multiplie ces deux nombres l'un par l'autre, et on prend la moitié du résultat.

232.— Supposons que le côté A D de la base ait $1^m 50$ et l'apothème S K, $3^m 50$. La surface de la pyramide sera donnée par le calcul suivant :

$$1^m 50 \times 4 = 6 \text{ mètres}; \text{ périmètre de la base}$$
$$6^m \times 3^m 25 = 19^m 50, \text{ produit du périmètre par l'apothème, la } \tfrac{1}{2} \text{ du}$$

produit ou 9 mètres carrés 75 décimètres carrés est la surface demandée.

233. — On obtient pareillement la surface d'une pyramide régulière tronquée, en multipliant la demi-somme du périmètre des deux bases par la perpendiculaire menée entre les deux bases parallèles d'une même face.

234. — La pyramide irrégulière ou le tronc de pyramide irrégulière étant des polyèdres, on évalue leur surface comme il a été indiqué plus haut *(n°. 226)*

Surface du Cylindre.

235. — La surface latérale d'un cylindre est égale au produit de sa hauteur par la circonférence de sa base.

236. — Le cylindre n'étant autre chose qu'un prisme droit, on peut obtenir sa surface par un procédé analogue à celui qu'on a employé pour obtenir la surface du prisme.

237. — On évaluera donc en mètres la hauteur du cylindre ainsi que la circonférence de sa base et on multipliera ces deux nombres l'un par l'autre.

238. — Supposons qu'un ferblantier veuille construire un tuyau cylindrique en tôle ayant 3ᵐ. 50 de hauteur et 1ᵐ. 20 de diamètre et qu'on désire savoir quelle quantité de tôle il devra employer.

Pour arriver à la solution de cette question, il faudra déterminer la circonférence dont le diamètre est 1ᵐ. 20. Pour cela, il faudra multiplier 1ᵐ. 20 par 3, prendre le 7ᵉ. de 1ᵐ. 20 et l'ajouter au produit, on aura

$$
\begin{array}{ll}
\quad 1^{m}.\ 20 & \qquad 3^{m}.\ 77 \\
\qquad\ 3 & \qquad 3.\ 50 \\
\hline
\quad 3.\ 60 & \quad 18850 \\
\text{Plus } \dfrac{1^{m}.\ 20}{7} \text{ ou } 0\ 17 & \quad 1131 \\
\hline
\text{circonf. de la base } 3^{m}.\ 77 & \quad 13{,}1950
\end{array}
$$

Produit de la circonférence de la base par la hauteur ou surface du cylindre 13 mètres carrés, 19 décimètres carrés, 50 centimètres carrés.

26.,ᵐᵉ Leçon.

Surface du Cône.

239. — La surface latérale d'un cône est égale au produit de la circonférence de sa base par la moitié de son côté.

240. — Car un cône n'est autre chose qu'une pyramide régulière dont la base est un cercle. On peut donc, pour trouver sa surface suivre le même procédé que celui qu'on a employé pour obtenir la surface de la pyramide régulière.

241. — Supposons qu'une toiture de forme conique ait 12 mètres de diamètre à sa base et 18 mètres de côté, et qu'on veuille la couvrir d'ardoises ayant un décimètre carré de surface. Les calculs suivants feront connaître la quantité de matériaux à employer.

$$
\begin{array}{ll}
\begin{array}{r}
12 \\
3 \\
\hline
36
\end{array}
&
\begin{array}{r}
37.714 \\
18 \\
\hline
301712 \\
37714 \\
\hline
\end{array}
\end{array}
$$

Plus $\frac{12}{7}$ ou 1.714

Circonf. de la base 37.714

½ 678.852

339.426 ou 339ᵐ·ᶜ· 426 ᵈ· carrés

environ est la surface demandée. On voit par ce résultat, qu'il faut employer 33.942 ardoises.

242. — Pour trouver la surface d'un cône tronqué, on multipliera son côté par la demi-somme des circonférences de ses bases.

27ᵐᵉ Leçon.

Surface de la sphère.

243. — La surface de la sphère est égale au produit de son diamètre par la circonférence d'un grand cercle.

244. — Le diamètre d'une sphère étant 3ᵐ. 25, pour trouver la circonférence d'un grand cercle je multiplie 3ᵐ. 25 par 3 ¹/₇ et je trouve que cette circonférence a 10ᵐ. 20 de longueur.

245. — Pour avoir la superficie de la sphère, je multiplie 10ᵐ. 20 par le diamètre 3ᵐ. 25.

$$
\begin{array}{r}
10^{m}\,20 \\
3^{m}\,25 \\
\hline
51.\ 00 \\
20\ 4\ 0 \\
30\ 6\ 0 \\
\hline
33.3^{m²}\,15^{d.c.}\,00
\end{array}
$$

La superficie de cette sphère est donc de 33 mètres carrés, 15 décimètres carrés.

246. — La surface de la sphère est encore égale à 4 fois la surface d'un grand cercle ; c'est-à-dire que pour avoir la surface de la sphère, on cherche la surface d'un grand cercle et on multiplie cette surface par 4. Ainsi dans l'exemple précédent, la circonférence du grand cercle étant de 10ᵐ. 20, sa surface sera égale à 10ᵐ. 20 × par la ¹/₂ du rayon ou par le ¹/₄ du diamètre ou enfin par 0, 812 environ ; le produit

$$
\begin{array}{r}
10^{m}\,20 \\
0^{m}\,812 \\
\hline
2\ 040 \\
1\ 020 \\
8\ 1\ 6\ 0 \\
\hline
8^{m²}\,28^{d²}\,240^{c.c}
\end{array}
$$

8ᵐ². 28ᵈ². 240ᶜᶜ c'est-à-dire 8 mètres carrés, 26 décimètres carrés, 20 centimètres carrés, exprime la surface du grand cercle.

En multipliant cette superficie par 4 j'aurai de nouveau la surface de la sphère.

$$8.2820$$
$$4$$
$$\overline{33^{m.}1280}$$ ou 33 mètres carrés, 13 décimètres carrés environ, c'est à peu de chose près le même résultat que celui qui a été donné par l'emploi du premier procédé.

28.me Leçon.

Surface d'une calotte sphérique.

247. — Pour obtenir la surface d'une calotte sphérique, on multiplie la hauteur de la calotte par la circonférence d'un grand cercle de la sphère dont cette calotte dépend.

248. — Le rayon d'une sphère étant de 3.m 25, et la hauteur d'une calotte sphérique de 0.m 75, trouver la surface de cette calotte.

Le rayon étant égal à 3.m 25, le diamètre sera 6.m 50. Je multiplie 6.m 50 par 3 1/7 et j'ai pour résultat 10.m 43 qui est la longueur de la circonférence de grand cercle, je multiplie ce dernier résultat par la hauteur de la calotte ou 0.m 75.

$$10^{m.}43$$
$$0^{m.}75$$
$$\overline{5215}$$
$$7301$$
$$\overline{7.82.25}$$ ou 7 mètres carrés, 82 décimètres carrés, 25 centimètres carrés.

Surface d'une zône.

249. — La surface d'une zône s'obtient de la même manière que la surface d'une calotte. On multiplie la circonférence d'un grand cercle de la sphère par la hauteur de la zône.

Section III.

29ᵐᵉ Leçon.

De la Mesure des volumes.

250. — Nous avons vu précédemment que pour mesurer les longueurs on se sert de l'unité de longueur qui est le mètre; que pour mesurer les surfaces on emploie l'unité de surface qui est le mètre carré.

251. — Pour mesurer le volume d'un corps, on emploie comme unité de volume le mètre cube.

252. — C'est un corps compris sous six faces égales ayant chacune un mètre de côté.

253. — Le mètre cube vaut 1000 décimètres cubes, c'est-à-dire qu'il renferme 1000 petits cubes ayant un décimètre de côté.

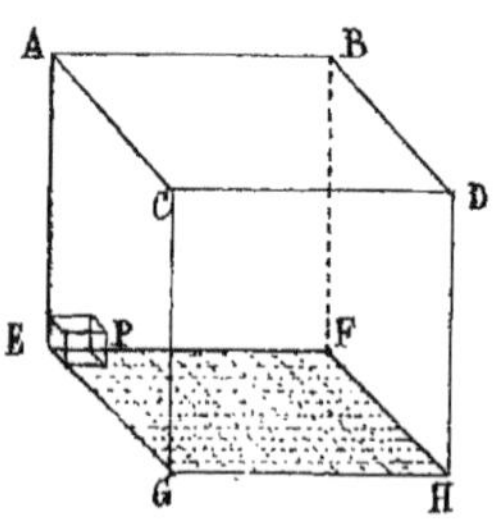

254. — En effet, la base E F H G étant égale à un mètre carré, je pourrai la diviser en 100 parties égales qui seront autant de décimètres carrés. Si sur chacun de ces petits carrés, je place un cube P ayant un décimètre de côté, sa base se confondra exactement avec le décimètre carré. J'obtiendrai donc une tranche de 100 petits cubes d'un décimètre de côté ou 100 décimètres cubes; mais cette tranche ne sera que la 10ᵉ partie de la hauteur totale du mètre cube, puisque l'arête du cube P n'est que d'un décimètre. Pour remplir ce volume, il faudra donc placer les unes sur les autres 10 tranches de 100 décimètres cubes, ce qui fait parconséquent 1000 décimètres cubes

255. — Si l'on avait une caisse ayant exactement les dimensions du mètre cube et qu'on voulût la remplir de petites boîtes ayant exactement les dimensions du décimètre cube, on pourrait parconséquent placer dans cette caisse 1000 petites boîtes de même dimension.

256. — Il ne faut pas confondre le décimètre cube avec un dixième de mètre cube. Le décimètre cube est la 1000ᵉ partie du mètre cube et le dixième de mètre cube vaut 100 décimètres cubes.

257. — Le décimètre cube vaut 1000 centimètres cubes, et en général une unité cubique d'un ordre quelconque vaut 1000 unités de l'ordre immédiatement inférieur.

258. — D'après ce qui précède, pour évaluer en décimètres cubes, centimètres cubes, etc, la partie décimale d'un nombre représentant des mètres cubes, à partir des unités, on partage par une virgule la partie décimale par tranches de trois en trois chiffres: la première tranche exprime des décimètres cubes, la 2ᵉ des centimètres cubes, la 3ᵉ des millimètres cubes. Si la dernière tranche ne renfermait qu'un chiffre, il faudrait écrire deux zéro à sa droite, et un zéro seulement si elle avait deux chiffres. Ainsi le nombre 27 mètres cubes 3524278 six millionièmes de mètre cube est égal à 27 mètres cubes, 352 décimètres cubes, 427 centimètres cubes, 800 millimètres cubes 27ᵐᵉᵗ 352ᵈᵉᶜ 427ᶜᵉⁿᵗ 800ᵐⁱˡˡ

259. — Lorsqu'il est question de la mesure du bois de chauffage, le mètre cube prend le nom de stère; et pour les mesures de capacité, le décimètre cube prend le nom de litre.

260.— Les subdivisions décimales du stère ne sont pas les mêmes que celles du mètre cube : le décistère est la 10ᵉᵐᵉ partie du stère, ou du mètre cube, tandis que le décimètre cube n'en est que la 1000ᵉ partie. Le décistère vaut donc 100 décimètres cubes.

30ᵐᵉ Leçon.

261.— Ces notions étant bien comprises, nous allons maintenant indiquer les moyens de déterminer le volume des corps avec lesquels nous nous sommes déjà familiarisés.

262.— On démontre en géométrie que deux prismes qui ont des bases équivalentes et même hauteur sont équivalentes en volume, quelles que soient d'ailleurs les figures de leurs bases. Nous allons commencer par indiquer comment on obtient le volume d'un parallélipipède rectangle, et nous y rapporterons le volume des autres prismes.

Volume du parallélipipède rectangle.

263.— Le volume du parallélipipède rectangle est égal au produit de sa base par sa hauteur, ou au produit des trois arêtes qui aboutissent à un même sommet ; c'est-à-dire, qu'il faut déterminer en mètres, décimètres, etc. la longueur de ces trois arêtes, et multiplier entre eux deux de ces nombres et leur produit par le 3ᵉᵐᵉ.

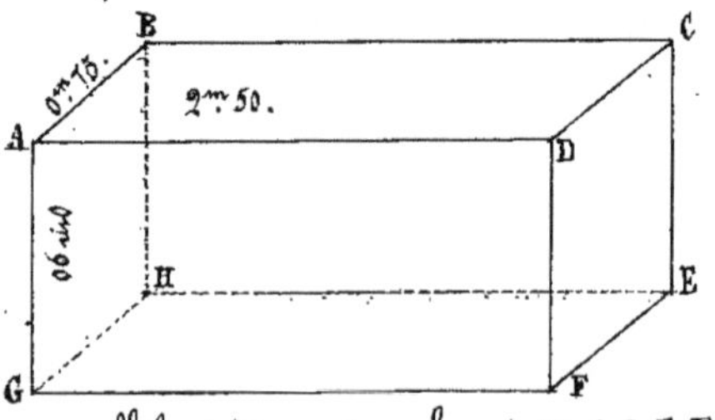

264.— Soit un parallélipipède rectangle A B C D E F G H. Supposons qu'il représente un bloc de marbre ayant 2^m 50 de longueur, 0^{m} 90 de hauteur et 0^{m} 75 d'épaisseur. (On voit que ces dimensions sont indiquées par trois arêtes aboutissant à un même point.) Le volume du parallélipipède sera égal à 2^m 50 × 0,90 × 0,75.

$$
\begin{array}{r}
2^{m} 50 \\
0^{m} 90 \\
\hline
225\,00 \\
0,75 \\
\hline
112500 \\
157500 \\
\hline
1.68.75.00 = 1^{m.c} 687^{d.c} 500^{c.c}
\end{array}
$$

Volume du Cube.

265.— Si le parallélipipède était un cube parfait, ses trois dimensions seraient égales; il suffit de chercher en mètres la longueur d'une arête et multiplier trois fois par lui-même le nombre trouvé.

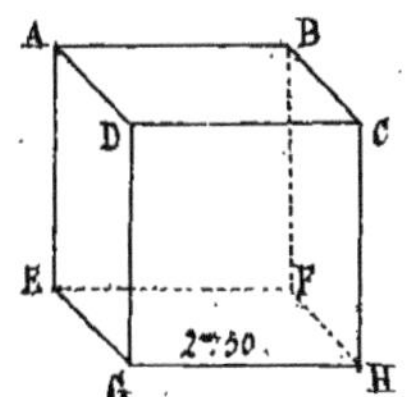

266.— Si le cube A B C D E F G H représentait un bloc de pierre ayant 2^m 50 de côté, son volume serait égal à 2^m 50 × 2^m 50 × 2^m 50.

$$
\begin{array}{r}
2^{m} 50 \\
2^{m} 50 \\
\hline
125\,00 \\
500 \\
\hline
625\,00 \\
2.50 \\
\hline
312500 \\
125000 \\
\hline
15.625.000 \text{ ou } 15^{m.c} 625^{d.cubes}
\end{array}
$$

267. — Delà vient qu'en arithmétique on appelle *cube* d'un nombre, le produit dans lequel ce nombre entre trois fois comme facteur.

Volume d'un prisme quelconque.

268. — Quelle que soit la forme de la base d'un prisme, ce solide est équivalent à un parallélipipède rectangle ayant même hauteur que lui et une base équivalente. On obtiendra donc le volume d'un prisme quelconque en multipliant sa base par sa hauteur.

31.ᵐᵉ Leçon.

Volume de la Pyramide.

269. — On prouve en géométrie que deux pyramides qui ont des bases équivalentes et même hauteur, sont équivalentes en volume. Nous allons indiquer le moyen de trouver le volume de la plus simple des pyramides qui est la pyramide triangulaire, et nous rapporterons à son volume celui d'une pyramide quelconque.

270. — Le volume d'une pyramide triangulaire est égal au tiers du produit de sa base par sa hauteur ; c'est-à-dire qu'on évalue la surface de la base de la pyramide, on la multiplie par la hauteur de ce solide, et on prend le tiers du résultat.

En effet, une pyramide triangulaire est le tiers d'un prisme triangulaire ayant même base et même hauteur, car tout prisme triangulaire peut se décomposer en trois pyramides équivalentes.

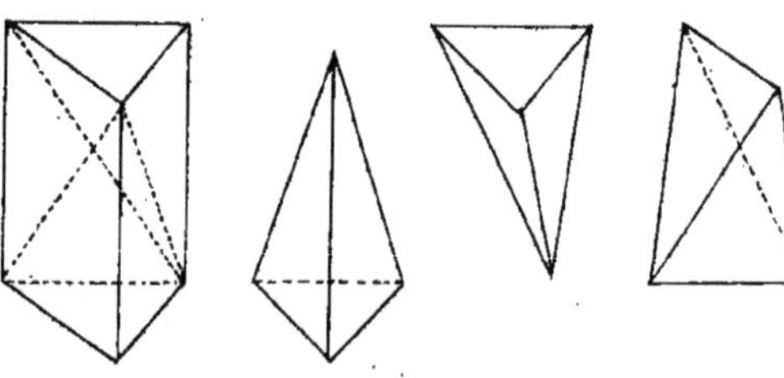

271. — Supposons que la surface de la base d'une pyramide triangulaire soit de 5 mètres carrés 45 décimètres carrés et sa hauteur 3^m 25 son volume sera égal à $\dfrac{5^m 45 \times 3^m 25}{3}$.

$$
\begin{array}{r}
5^m\,45 \\
3^m\,25 \\
\hline
27.\,25 \\
109\,0 \\
1635 \\
\hline
177\,1\,25
\end{array}
$$

⅓ 5.9 0 41 ou 5 mètres cubes 904 décimètres cubes.

272. — Puisque deux pyramides quelconques ayant des hauteurs égales et des bases équivalentes sont équivalentes en volume, et qu'il en est de même de deux prismes ayant même hauteur et des bases équivalentes, on peut dire aussi qu'une pyramide quelconque est le tiers d'un prisme ayant même base et même hauteur. Donc pour avoir le volume d'une pyramide quelconque il faut multiplier la surface de sa base par sa hauteur et prendre le tiers du résultat —

32me „ Leçon.

Volume du Cylindre.

273. — Pour obtenir le volume du cylindre, on cherche la surface du cercle qui lui sert de base, et on multiplie cette surface par la hauteur du cylindre.

274. — Supposons qu'on veuille construire un réservoir ayant la forme d'un cylindre ou d'un puits. On donne à ce réservoir 20 mètres de diamètre, et 15 mètres de hauteur. Combien pourra-t-il contenir d'hectolitres d'eau?

Je cherche d'abord la surface de la base qui m'est donnée par le calcul suivant 3, 1416 × 10 × 10 = 314 mètres carrés, 16 d. carrés. Je multiplie cette surface par la hauteur du cylindre 314.16 × 15 = 4712 mètres cubes, ou 4712400 litres, ou enfin 47124 hectolitres.

Volume du Cône.

275. — Pour obtenir le volume d'un cône, on cherche la surface du cercle qui lui sert de base, on multiplie cette surface par la hauteur du cône et on prend le tiers du résultat.

276. — Si un cône a 1 mètre de hauteur et $0^m 50$ de diamètre son volume sera donné par le calcul suivant $\dfrac{3,1416 \times 0,25 \times 0^m 25 \times 1}{3} =$ 0 mètre cube 196 d. cubes, 350 cent cubes.

33me Leçon.
Volume de la Sphère.

277. — Pour obtenir le volume de la sphère, on évalue sa surface; on multiplie cette surface par le rayon, et on prend le tiers du résultat.

278. — Nous avons dit qu'on pourrait considérer le globe que nous habitons comme étant terminé par une surface sensiblement courbe; son rayon étant égal à 6366200 mètres, quel est son volume?

Je cherche d'abord la surface d'un grand cercle; ce que j'obtiens en multipliant le rayon 6366200 mètres par lui-même et le produit par 3, 1416; le résultat est 12, 7324050 kilomètres carrés environ; en multipliant ce nombre par 4, j'aurai la surface totale du globe ou 12. 732405 × 4 = 509296200 kilomètres carrés; il ne reste plus qu'à multiplier ce nombre par le tiers du rayon ou par 2122066 et le produit ou 509296200 × 2122066 = 1,080740 Kilomètres cubes environ, est le volume du globe.

279. — On obtiendrait encore le volume de la sphère en multipliant le cube du rayon par le nombre 4, 1888, ou le cube du diamètre par la fraction 0,5236.

280. — On peut considérer la sphère comme étant formée d'une infinité de cônes extrêmement petits qui ont leur sommet au centre de la sphère et pour hauteur le rayon de la sphère; de sorte que la base de chaque cône quoique appartenant à une surface courbe peut être considérée comme plane à cause de son peu d'étendue; l'ensemble de ces petites bases forme la surface sphérique, et l'ensemble des volumes de ces petits cônes le volume de la sphère. Or le volume de l'un de ces petits cônes est égal au produit de sa base par le tiers de sa hauteur; donc le volume de la sphère doit être égal au produit de la somme des bases de ces petits cônes par le tiers du rayon, ou enfin au produit de la surface sphérique par le tiers du rayon.

Appendice.

Comme complément indispensable, nous croyons devoir (sans toutefois aborder aucune question théorique), ajouter ici quelques principes ou procédés qui exigent l'emploi des racines, connaissances qu'on pourra sûrement aborder avec les jeunes gens familiarisés avec la division et qui seront bien pénétrés des notions contenues dans cet ouvrage.

Nous parlerons d'abord du carré de l'hypothénuse dont les applications sont tellement nombreuses qu'on a mille occasions d'en faire usage même dans un cours comprenant de simples éléments de géométrie.

1°. Le carré construit sur l'hypothénuse d'un triangle rectangle est égal à la somme des carrés construits sur les deux autres côtés.

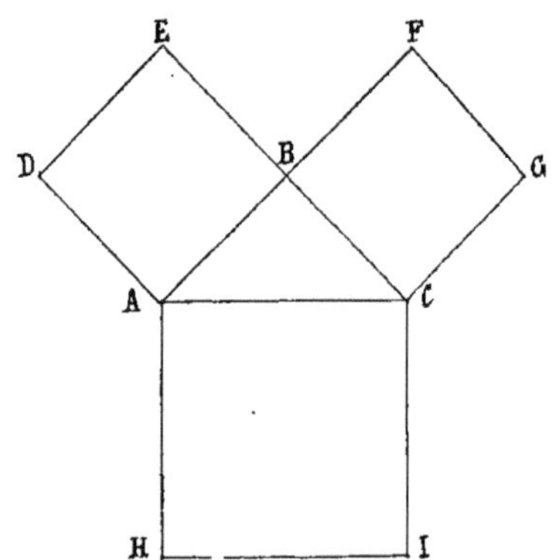

Soit le triangle rectangle A B C. Le carré A C I H, construit sur l'hypothénuse A C est égal à la somme des carrés A D E B et B F G C construits sur les deux autres côtés A B et B C. De sorte que si A B = 4 mètres, B C = 3 mètres, le carré de l'hypothénuse A C sera égale à $4^2 + 3^2$ ou $16 + 9 = 25$ et A C sera égale à $\sqrt{25} = 5$.

On peut donc déterminer un côté quelconque du triangle rectangle connaissant les deux autres.

Si par exemple A B et B C sont connus et représentés par les nombres 4 et 3, si l'on veut déterminer A C, on aura $AC^2 = (4 \times 4) + (3 \times 3)$ ou $4^2 + 3^2$ ou $16 + 9 = 25$ et $AC = \sqrt{25} = 5$. Si A C et A B sont connus et représentés par les nombres 5 et 3, on trouvera ainsi la valeur de B C, AC^2 ou $5^2 - \overline{AB}^2$ ou $3^2 = \overline{BC}^2$, ou $AC^2 - \overline{AB}^2 = 25 - 9 = 16$, $AC - AB = \sqrt{16} = 4$; enfin A C et B C sont représentés par 4 et 9 on aura $\overline{AC}^2 - \overline{BC}^2 = \overline{AB}^2$ ou $25 - 16 = 9$, d'où $AB = \sqrt{9} = 3$.

2° Dans l'évaluation des surfaces il arrive quelquefois dans la pratique de l'arpentage qu'on ne peut pas déterminer la hauteur d'un triangle; dans ce cas il suffit de connaître la longueur des trois côtés pour trouver sa surface. Voici alors comment on procède.

On fait la somme des trois côtés, on en prend la moitié; de la demi-somme, on retranche alternativement chaque côté du triangle; on multiplie les trois différences entre elles, et leur produit par la demi-somme et du résultat on extrait la racine carrée.

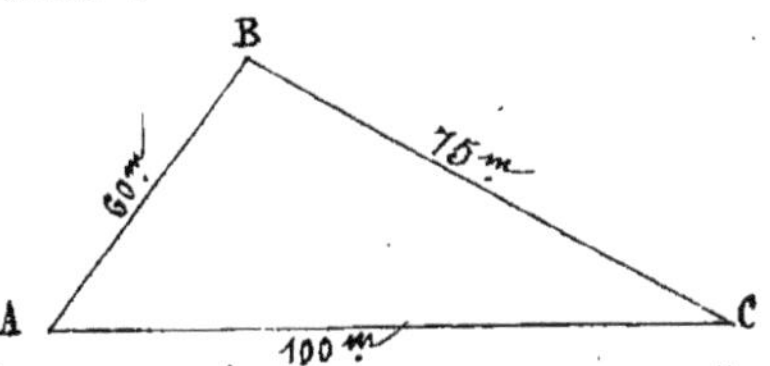

Soit le triangle A B C. Supposons que $AC = 100^m$; $BC = 75^m$ et $AB = 60^m$, on on aura les calculs suivants :

$100^m + 75^m + 60^m = 235^m$ somme des trois côtés. $\frac{235}{2} = 117.50$ demi-somme.

Différence de la demi-somme et des trois côtés.

$117.50 - 100 = 17.50$; $117.50 - 75 = 42.50$; $117.50 - 60 = 57.50$.

$17.50 \times 42.50 \times 57.50 = 32765,625$, produit des trois différences.

$32765,625 \times 117.50 = 3851960,9375$, produit des trois différences par la demi-somme.

$\sqrt{3851960.9375} = 1962$ mètres carrés, 64 décimètres carrés, ou 19 ares 63 centiares, surface du triangle.

Volume d'une pyramide tronquée.

Pour obtenir le volume d'une pyramide tronquée, on évalue la surface de ses bases, on en fait la somme que l'on ajoute à la racine carrée du produit de ces mêmes bases et on multiplie le résultat par le tiers de la hauteur du tronc.

Un réservoir A B C D E F G H ayant la forme d'une pyramide tronquée est alimenté par une fontaine. Le contour du réservoir est un carré dont le côté à 40 mètres; le fond est aussi un carré qui a 25 mètres et la profondeur du bassin est de 5 mètres. On demande en combien de temps ce bassin supposé vide sera rempli si la fontaine donne 1500 litres d'eau par heure.

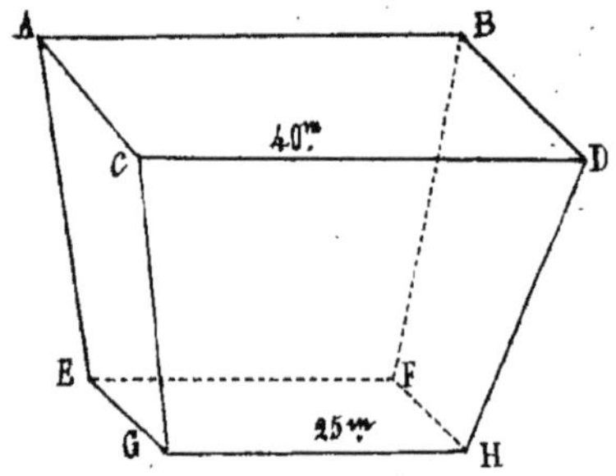

La surface de la plus petite base est égale à $25 \times 25 = 625$ mètres carrés; la surface de la plus grande base est égale à $40 \times 40 = 1600$ mètres carrés.

La somme des deux bases est $1600 + 625 = 2225$ mètres carrés.

La racine carrée du produit des deux bases est $\sqrt{1600 \times 625} = \sqrt{1000000} = 1000$. ajoutant ce résultat à la somme des deux bases on a $2225 + 1000 = 3225$; multipliant ce dernier nombre par le tiers de la hauteur, on a $3225 \times \frac{5}{3} = 537$ mètres cubes ou 5375000 litres, capacité du réservoir, en divisant ce nombre par 1500, on aura le temps demandé; le calcul donne $5375000 : 1500 = 149$ jours environ.

4º Pour l'entretien des routes, on donne aux tas de sable et de caillous la forme d'un solide qui paraît être une pyramide tronquée, mais qui n'en est pas une ; car si toutes les faces étaient prolongées elles ne se rencontreraient pas en un point, mais suivant une même arête parallèle à la base.

Le volume de ce corps s'obtient par le procédé suivant.

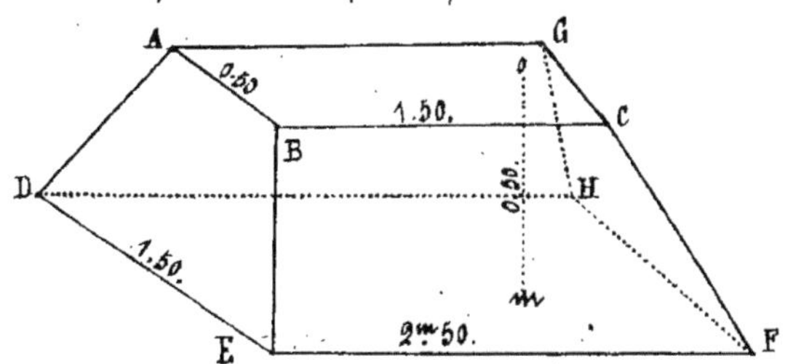

On mesure les arêtes DE et EF ; on multiplie les deux nombres trouvés l'un par l'autre ; on mesure ensuite les arêtes AB et BC, on multiplie l'un par l'autre les nombres trouvés et on ajoute ce dernier produit au premier ; puis on fait la somme des arêtes EF et BC, DE et AB, on multiplie ces deux sommes entre elles, et on ajoute le produit trouvé à la somme des deux premiers produits trouvés précédemment, puis on multiplie ce dernier résultat par le 6ᵉ de la hauteur.

Si AB = 0ᵐ. 50, BC 1ᵐ. 50 ; DE 1ᵐ. 50 ; EF 2ᵐ. 50 et la hauteur om 0ᵐ. 50 on aura pour expression du volume du solide.

$$\frac{0^m 50}{6} \times \left[2^m.50 \times 1^m.50 + 1^m.50 \times 0^m.50 \, (2^m.50 + 1^m.50) \times 1^m.50 + 0^m.50) \right] = 1 \text{ mètre}$$

cube et 0,41 décimètres cubes, fraction que l'on peut négliger.

Volume d'une pièce de bois.

5° Trouver le volume d'une pièce de bois équarrie représentant un parallélipipède rectangle, ou une pyramide tronquée. Il suffit d'appliquer le procédé indiqué pour obtenir le volume du parallélipipède. Voir n°. 263, et le n° 3 de l'appendice.

Comme le bois en grume est recouvert d'écorce et d'aubier, et que l'acheteur ne paie que le bon bois, on emploie un procédé différent pour obtenir le volume. Voici la règle appliquée dans le commerce.

On mesure les circonférences des deux bouts, avec une corde, on les ajoute, on prend la moitié du résultat ce qui donne la circonférence moyenne; on en déduit le 6ᵉ, on prend le quart du résultat que l'on multiplie par lui-même et par la longueur de la pièce.

Soit une pièce de bois de 3ᵐ 50 de longueur, et dont les circonférences des deux bouts ont l'une 1ᵐ 50, l'autre 1ᵐ. La circonférence moyenne est égale à 1ᵐ 25 dont le 6ᵉ est 0ᵐ 205 qui retranché de 1ᵐ 25 donne pour reste 1ᵐ 045 dont le quart est de 0,26 environ pour le côté de l'équarrissage. En multipliant ce nombre par lui-même et par la longueur de l'arbre, on aura 0ᵐ 26 × 0ᵐ 26 × 3ᵐ 50, 0ᵐ cube 236 décimètres cubes 600 centimètres cubes.

Volume du cône tronqué.

6°. Pour trouver le volume d'un cône tronqué, on fait le carré du rayon de la plus grande base, le carré du rayon de la plus petite, puis le produit du plus grand rayon par le plus petit; on ajoute ces trois résultats, on multiplie la somme par la hauteur du tronc et par le nombre 3, 1416 et on prend le tiers du résultat.

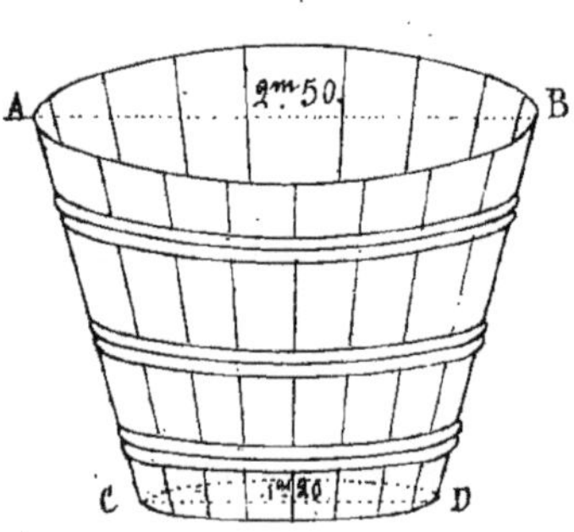

Supposons qu'on veuille déterminer la contenance d'une cuve A B C D dont le diamètre supérieur à 2ᵐ 50, le diamètre inférieur 1ᵐ 20 et la

$2^m 25$. Cette cuve ayant la forme d'un cône tronqué son volume sera
$\frac{1}{3} \times 3.1416 \times [(2^m 50)^2 + (1^m 20)^2 + 2^m 50 \times 1^m 20] = 11$ mètres cubes, 161 d. cubes ou
11161 litres ou 111 hectolitres 61 litres.

7. Déterminer la contenance d'un tonneau.

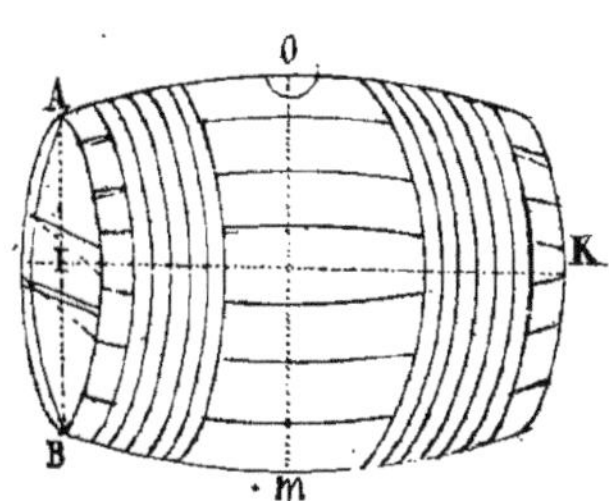

Soit om le diamètre du bouge $= 1^m 20$, AB celui des fonds $=$ 1^m et I K longueur interne du tonneau $= 2$ mètres.

On pourrait considérer ce tonneau comme étant formé de deux troncs de cône égaux, appliqués par leur plus grande base, chercher le volume d'un de ces cônes et doubler le résultat. Mais comme depuis le bouge jusqu'aux fonds, les douves ont un renflement dont on ne tient point compte en opérant de cette manière, on emploie dans les droits réunis un procédé dont l'application donne la capacité du tonneau plus rigoureusement. Voici ce procédé:

On fait le carré du diamètre du fonds, on y ajoute le double du carré du diamètre du bouge, on multiplie la somme par la longueur du tonneau et par le nombre 0, 262. On aura donc en opérant sur les nombres donnés:

$1^m \times 1^m + [(1^m 20)^2 \times 2] \times 2^m \times 0, 262 = 2.000$ litres environ.

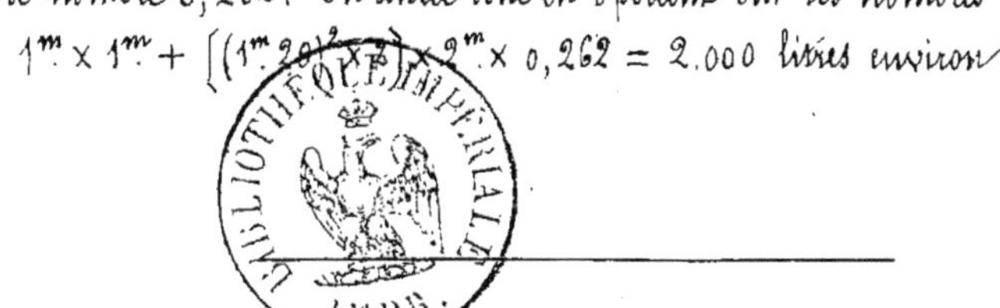

FIN.

www.ingramcontent.com/pod-product-compliance
Ingram Content Group UK Ltd.
Pitfield, Milton Keynes, MK11 3LW, UK
UKHW021646130726
13696UKWH00004B/1441